중국어
관용어가
무기다!

저자
구경숙 · 장진개

시사북스
㈜시사중국어사®

## 저자

구경숙

남개대학교 한어언문자학 박사
現 방송통신대학교 전임대우 교수

저서:
– HSK 8822 (시사중국어사)
– 新HSK 사전식 VOCA (시사중국어사)
– 도전HSK 초중등 합격페이퍼 (시사중국어사)
– 중국어초급회화 / 중급회화 (방송통신대 출판부)
– 중급 중국어①, ② (방송통신대 출판부)
– 新HSK 문제풀이 (강원대학교 출판부)
– 新步步高 중국어-해설 (시사중국어사)

장진개(张进凯)

중국 남개대학교 중어중문과 졸업(문학 학사)
중국 남개대학교 대학원 중어중문과 졸업(문학 석사)
現 연세대학교 중어중문과 박사 과정

저서:
– BCT(Business Chinese Test ) 단어 ①, ② (중국 외연사)
– BCT(Business Chinese Test ) 모의고사 (중국 외연사)
– 쉽게 배우는 한국어 초급 ①, ② workbook (북경대 출판사)
– 쉽게 배우는 한국어 중급 ① workbook (북경대 출판사)
– 新 HSK 백발백중 고급회화 트레이닝 (시사중국어사)
– 한국어 뉴스 읽기 상 · 하 (중국세계도서출판공사)
– 중국 4대 전설 다독(多读) 라이브러리 (시사중국어사)
– 가나다 한국어 중급2 (한글파크)
– 新 HSK voca 2500 5급/ 6급 (동양북스)

# 중국어 관용어가 무기다!

**초판인쇄**  2014년 08월 20일
**초판발행**  2014년 08월 25일

**저자**  구경숙, 장진개
**펴낸이**  엄호열
**펴낸곳**  시사중국어사
**등록일자**  1988년 2월 13일
**등록번호**  제1 - 657호
**주소**  서울시 종로구 자하문로 300 시사빌딩
**전화**  내용문의  (02) 3671-0542
　　　　구입문의  (02) 3676-0808
**팩스**  (02) 747-1945
**홈페이지**  book.chinasisa.com
**이메일**  china@sisabook.com
**ISBN**  979-11-5720-009-2  13720

중국인과의 일상적인 의사소통에는 별 문제가 없는데 가끔 중국인들끼리 하는 대화를 듣거나 영화, 드라마 혹은 광고 등을 접하게 되면 글자 표면의 뜻과 전혀 다른 의미를 내포하고 있는 경우의 표현들이 있어 의미 파악이 힘든 경우가 많습니다. 예를 들면 "刀子嘴, 豆腐心" 이라는 표현이 있습니다. 글자 그대로 해석하면 "칼의 입, 두부의 마음"이 되는데 속뜻을 이해하지 못하면 왜 이런 말을 하는지 이해가 불가하게 되고 그러다 보면 소통이 불가하게 됩니다. 속뜻을 살펴보면 "말씨는 날카로워도 마음은 부드럽다"라는 뜻으로 어떤 사람을 평가할 때 사용합니다. '왜 칼과 두부라는 단어를 사용해서 이러한 표현을 만들었을까?'라는 의문이 드시는 학습자들은 이미 관용 표현의 매력에 푹 빠지신 학습자일 것입니다.

이와 같이 중국인들이 일상생활에서 자주 사용하는 관용 표현들을 외국인 학습자가 이해하기란 여간 쉬운 것이 아닙니다. 이는 관용 표현이 그 사회의 보편적인 문화를 전제로 해서 만들어지기 때문에 그 문화를 제대로 이해하지 못해서 발생하는 현상입니다. 이러한 관용 표현에는 민중의 생활관, 인생관 등이 그대로 반영되어 있어 중국 문화를 이해하는 데 좋은 학습 자료가 될 수 있을 뿐 아니라 자신의 중국어 실력을 한 단계 올리는데 중요한 수단이 될 것입니다. 중국어 관용 표현에는 우리가 잘 알고 있는 성어를 비롯하여 관용어, 헐후어, 속담 등이 있습니다. 관용 표현은 생동감 있고, 자연스럽게 의사전달을 하기 위해서 반드시 익혀야 할 부분이라 중국어를 학습하는데 있어 상당히 중요한 위치를 차지합니다. 필자 역시 중국에서 오랜 기간 동안 유학을 하면서 중국어 학습의 한계를 극복하기 위해 관심을 가졌던 부분이 바로 이 관용표현 부분이었습니다. 본 교재 대화문에서 사용하는 관용표현을 익히고 중국인과의 대화에 사용하여 여러분의 어학 실력이 한층 더 빛날 수 있길 기대해봅니다.

### 교재의 특징

· 본 교재에서는 위의 관용 표현 이외에도 인터넷 용어, 신조어 등을 수록하였다.
· 본 교재는 중, 고급 중국어 학습자를 위하여 집필되었으나 상세한 설명이 수록되어 있어 일반 독학자들도 쉽게 학습할 수 있도록 하였다.
· 내용은 한류 즉 한국의 관광지, 문화, 음식, 영화 등 시대에 맞는 현실감 있는 대화로 구성하였다.
· 기존의 교재와는 다르게 중국 문화 전반을 중국어로 익히는 형식이 아닌 한국을 소개하는 형식의 대화문으로 학습자의 지식층을 한껏 더 이용하여 지속적인 대화를 진행하는데 도움이 되도록 하였다.
· 주제에 대해 중국어로 대화하는 형식(대화문)과 열독 부분을 첨가하여 대화의 내용을 정리하도록 구성하였다.
· 대화문에 등장하는 관용 표현에 대한 예문을 들어 다양하게 표현할 수 있도록 하였다.
· 관용어 플러스를 각 과 마다 추가하여 다양한 관용 표현을 익히도록 하였다.

구경숙, 장진개

# 차례

## 학습 도입

과 내용의 핵심이 되는 문장을 소제목으로 넣어서 어떤 내용을 배우게 될지 미리 익힐 수 있도록 하였습니다.

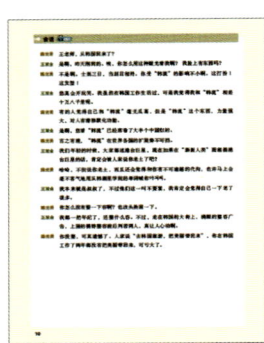

## 회화(会话)

기존의 교재와는 다르게 중국 문화가 아닌 한국 문화를 소개하는 대화 내용으로 한국의 관광지, 문화, 음식, 영화 등 한류에 대해 현실감 있게 중국인들과 대화를 할 수 있도록 구성하였습니다.

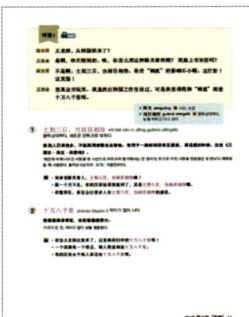

## 대화(对话)

회화의 내용을 나눠서 해당 대화 내용에 쓰인 관용 표현들을 한어병음, 뜻, 해설, 예문 등을 통해 쉽고 재미있게 익힐 수 있도록 하였고, 이 관용 표현들을 통해 중국어 실력을 한층 더 향상될 수 있도록 하였습니다. 또한, 대화 내용에서 어려운 단어는 보충단어 형태로 표시하여 학생들의 부담을 줄였습니다.

## 열독 새단어(阅读生词)

열독을 배우기에 앞서 새 단어를 먼저 일목요연하게 정리해서 열독 내용이 회화와 새 단어들을 활용하여 어떻게 구성되었을지 미리 예측하며 단어를 익힐 수 있도록 하였습니다.

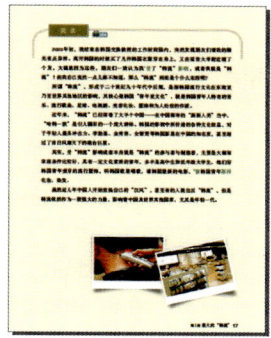

## 열독(阅读)

각 과의 주제에 관해 회화 내용을 바탕으로 추가 설명이 들어간 하나의 단문으로 구성하여 말하기 실력뿐만 아니라 독해 실력도 함께 향상시킬 수 있도록 하였습니다.

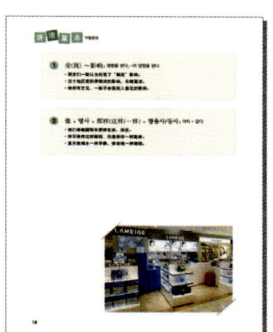

## 어법중점(语法重点)

반드시 익혀야 할 어법 사항을 다양한 예문을 들어 구성하였습니다.

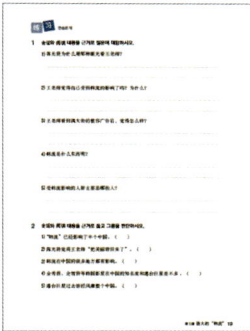

## 연습문제(练习)

6가지 유형으로 나눠서 각 과에서 학습한 내용을 테스트하며 복습할 수 있도록 하였습니다. 1번과 2번은 회화, 열독 본문 내용을 잘 이해했는지 확인하는 문제, 3번~6번은 관용 표현 및 단어를 제대로 잘 익혔는지 확인하는 문제로 구성하였습니다.

## PLUS 관용 표현

대화문에서 학습하는 관용 표현 외에 중국인들이 자주 쓰는 다양한 관용 표현들을 각 과마다 5개씩 추가로 더 익혀 더욱 풍부한 어휘력을 갖출 수 있도록 하였습니다.

# 품사약호표

| 약호 | 한국어 | 중국어 | 발음 |
|---|---|---|---|
| 명 | 명사 | 名词 | míngcí |
| 고유 | 고유명사 | 固有名词 | gùyǒu míngcí |
| 대 | 대(명)사<br>인칭대(명)사<br>지시대(명)사<br>의문대(명)사 | 代词<br>人称代词<br>指标代词<br>疑问代词 | dàicí<br>rénchēng dàicí<br>zhǐshì dàicí<br>yíwèn dàicí |
| 동 | 동사 | 动词 | dòngcí |
| 조동 | 조동사<br>(능원동사) | 助动词<br>（能愿动词） | zhùdòngcí<br>(néngyuàn dòngcí) |
| 형 | 형용사 | 形容词 | xíngróngcí |
| 수 | 수사 | 数词 | shùcí |
| 양 | 양사<br>명량사<br>동량사 | 量词<br>名量词<br>动量词 | liàngcí<br>míngliàngcí<br>dòngliàngcí |
| 부 | 부사 | 副词 | fùcí |
| 전 | 전치사(개사) | 介词 | jiècí |
| 접 | 접속사 | 连词 | liáncí |
| 조 | 조사<br>동태조사<br>구조조사<br>어기조사 | 助词<br>动态助词<br>结构助词<br>语气助词 | zhùcí<br>dòngtài zhùcí<br>jiégòu zhùcí<br>yǔqì zhùcí |
| 감탄 | 감탄사 | 叹词 | tàncí |
| 의성 | 의성사 | 象声词 | xiàngshēngcí |
| 성 | 성어 | 成语 | chéngyǔ |

# 第1课

## 强大的"韩流"

在中国都市的"新新人类"当中，
"哈韩一族"是引人瞩目的一个庞大群体。

陈光贤　王老师，从韩国回来了？

王双全　是啊，昨天刚到的。唉，你怎么用这种眼光看我啊？ 我脸上有东西吗？

陈光贤　不是啊。士别三日，当刮目相待。你受"韩流"的影响不小啊。这打扮！这发型！

王双全　您真会开玩笑。我虽然在韩国工作生活过，可是我觉得我和"韩流"相差十万八千里呢。

陈光贤　有的人觉得自己和"韩流"毫无瓜葛，但是"韩流"这个东西，力量强大，对人有潜移默化功能。

王双全　是啊，您看"韩流"已经席卷了大半个中国似的。

陈光贤　言之有理，"韩流"在世界各国的扩展势不可挡。

王双全　我们年轻的时候，大家都迷港台巨星，现在如果在"新新人类"面前提港台巨星的话，肯定会被人家说你老土了吧？

陈光贤　哈哈，不但说你老土，而且还会觉得和你有不可逾越的代沟，也许马上会毫不客气地用从韩剧里学到的单词喊你아저씨。

王双全　我本来就是叔叔了，不过他们这一叫不要紧，我肯定会觉得自己一下老了很多。

陈光贤　你怎么没有整一下容啊？也改头换面一下。

王双全　我都一把年纪了，还整什么容。不过，走在韩国的大街上，满眼的整容广告，上面的模特整容前后判若两人，真让人心动啊。

陈光贤　你没整，可真遗憾了。人家说"去韩国旅游，把美丽带回来"，你在韩国工作了两年都没有把美丽带回来，可亏大了。

陈光贤　王老师，从韩国回来了？

王双全　是啊，昨天刚到的。唉，你怎么用这种眼光看我啊？我脸上有东西吗？

陈光贤　不是啊。士别三日，当刮目相待。你受"韩流"的影响不小啊。这打扮！
这发型！

王双全　您真会开玩笑。我虽然在韩国工作生活过，可是我觉得我和"韩流"相差
十万八千里呢。

> □ 眼光 yǎnguāng 　명 시선, 눈길
> □ 刮目相待 guāmù xiāngdài 　성 괄목상대하다,
> 　눈을 비비고 다시 보다

**1** **士别三日，当刮目相待** shì bié sān rì, dāng guāmù xiāngdài
괄목상대하다, 새로운 안목으로 대하다

指别人已有进步，不能再用老眼光去看他。常用于一段时间没有见面后，再见面的时候。出自《三
国志·吴志·吕蒙传》。

'예전에 비해 나아진 사람을 옛 시선으로 바라보며 평가해서는 안 된다'는 뜻으로 어떤 사람을 한참동안 못 만났다 재회했
을 때 사용한다. 출처는 《삼국지·오지·여몽전》이다.

例　· 别拿老眼光看人，士别三日，当刮目相待嘛！
　· 就一个月不见，你的汉语说得更流利了，真是士别三日，当刮目相待啊。
　· 你整容后，肯定会让很多人有士别三日，当刮目相待的感觉。

**2** **十万八千里** shíwàn bāqiān lǐ 차이가 많이 나다

形容距离非常远，也形容差距很大。

거리가 먼 것, 차이가 많이 남을 형용한다.

例　· 你怎么走到这里来了，这里离你们学校十万八千里呢！
　· 一个很漂亮一个很丑，俩人简直相差十万八千里。
　· 我的汉语水平离人家还有十万八千里呢。

陈光贤　有的人觉得自己和"韩流"毫无瓜葛，但是"韩流"这个东西，力量强
　　　　大，对人有潜移默化功能。

王双全　是啊，您看"韩流"已经席卷了大半个中国似的。

陈光贤　言之有理，"韩流"在世界各国的扩展势不可挡。

□ 毫无 háowú  동 조금도 ~이 없다
□ 瓜葛 guāgé  명 (일 사이의) 관련, 관계
□ 席卷 xíjuǎn  동 장악하다, 점령해서 통치하다

**1**　潜移默化 qiányí mòhuà 은연중에 감화하다

潜：暗中同，不见形迹；默：不说话，没有声音。指人的思想或性格不知不觉受到感染、影响而发生了变化。 用于人的思想、作风等。

자신도 모르는 사이에 동화되어 원래의 행적, 정체가 드러나지 않는다. 즉 사람의 사상이나 성격이 부지불식간에 영향을 받아서 변화되는 것을 말하며, 사상이나 품격 등에 쓰인다.

例 • 许多变化都是潜移默化的。
　　• 孩子就像是白纸，所有影响都是潜移默化的。
　　• 不管你有没有意识到，这些对你的行为和想法有潜移默化的影响。

**2**　言之有理 yánzhī yǒulǐ 말이 일리가 있다

指话说得很有道理。

말이 아주 일리가 있음을 가리킨다.

例 • 言之有理，所以不要担心，大家都会同意的。
　　• 言之有理，不会有人这么轻易放弃的。
　　• 言之有理，但是他怎么知道他们会去那儿呢?

**3**　势不可挡 shìbùkědǎng 세찬 기세를 막아낼 수 없다

指某种事物的力量和发展势实力很大很猛，不可以阻挡。

어떤 사물의 역량이 크고 발전하는 기세가 맹렬해서 막아낼 수 없다.

例 • 企业经营国际化已成为势不可挡的热潮。
　　• 势不可挡的时尚风潮对他好像毫无影响，他依然保持着自己朴素的特点。
　　• 全球化、现代化的进程势不可挡，它不仅冲击着我们的经济，还冲击着我们的文化。

**王双全** 我们年轻的时候，大家都迷港台巨星，现在如果在"新新人类"面前提港台巨星的话，肯定会被人家说你老土了吧？

**陈光贤** 哈哈，不但说你老土，而且还会觉得和你有不可逾越的代沟，也许马上会毫不客气地用从韩剧里学到的单词喊你아저씨。

□ 巨星 jùxīng 명 (어떤 방면에) 뛰어난 인물, 거성
□ 老土 lǎotǔ 형 본고장의, 지방색을 띤, 촌스러운
□ 逾越 yúyuè 동 뛰어넘다, 초월하다, 넘다, 넘어서다
□ 代沟 dàigōu 명 세대차이

**① 新新人类** xīnxīn rénlèi 신인류, 신세대

"新新人类"为1980年代末期至1990年代初期的台湾流行语，有"新潮"、"年轻"、"不同于旧时代的人们"的意思，主要泛指当时仍是初中生、高中生的学生。

신세대는 1980년대 말부터 1990년대 초까지 대만에서 유행한 "새로운 물결", "젊은이", "구세대와 다른 사람들"이라는 의미의 유행어다. 주로 당시의 중학생, 고등학생들을 가리킨다.

例 • 新新人类的成长背景，已大不同于以往的传统人类。
• 在一个满是"新新人类"的办公室里，有几位头发花白的人，是大好的事情。
• 物质充裕、资讯发达、价值观多元化、以及生活型态快速变迁等，都是新新人类成长环境的特色。

**② 不可逾越** bùkě yúyuè 뛰어 넘을 수 없다

逾：越过。不可能超过或不可能越过。形容自然界或思想意识上的鸿沟。出自《左传·襄公三十一年》："门不容车，而不可逾越"。

초과할 수도, 넘어갈 수도 없다. 자연계 혹은 사상, 의식의 경계를 넘을 수 없음을 나타낸다. 출처는《좌전·양공삼십일년》이다.

例 • 这些问题并非不可逾越的障碍。
• 形象思维与逻辑思维之间没有不可逾越的鸿沟。
• 我的数学成绩明显证明，我面临着一个不可逾越的障碍，因此我放弃了。

王双全　我本来就是叔叔了，不过他们这一叫不要紧，我肯定会觉得自己一下老了很多。

陈光贤　你怎么没有整一下容啊？也改头换面一下。

**1** 这一……不要紧 zhè yī …… bú yàojǐn 이렇게 하는 것에 걱정할 필요가 없다

"这一"后面经常出现一种动作或者行为，"不要紧"表示在前面的动作或者行为出现后，表面上似乎没有妨碍。后面的句子一般会出现转折。

"这一" 뒤에는 일반적으로 동작 또는 행위가 오며, "不要紧"은 앞에 오는 동작이나 행위가 출현한 후 겉으로 봤을 때 별 문제가 아닌 것 같음을 나타낸다. 뒤에 보통 전환의미를 나타내는 내용이 온다.

例 ・他这一开窗不要紧，风把我的稿子都吹乱了。
・他这一感冒不要紧，办公室里的所有人都被传染了。
・我这一看不要紧，后面竟然有十几个人跟着。

**2** 改头换面 gǎitóu huànmiàn 겉만을 바꾸고 내용을 그대로다

原指人的容貌发生了改变。现多比喻只改外表和形式，内容实质不变。本课用的是它的本意。

원래는 사람의 용모에 변화가 생긴 것을 나타냈는데, 지금은 겉과 형식만 바뀌고, 내용과 실질은 바뀌지 않음을 비유하여 나타낸다. 여기서는 원래의 뜻으로 쓰이고 있다.

例 ・一些世界著名的商学院正在改头换面。
・为了重新获得领先的地位，雅虎需要彻底改头换面。
・好几十万失业者必须改头换面，实现人生转型，找到新职业。

王双全　我都一把年纪了，还整什么容。不过，走在韩国的大街上，满眼的整容广告，上面的模特整容前后判若两人，真让人心动啊。

陈光贤　你没整，可真遗憾了。人家说"去韩国旅游，把美丽带回来"，你在韩国工作了两年都没有把美丽带回来，可亏大了。

> □ 心动 xīndòng 동 마음을 움직이다, 마음이 흔들리다
> □ 亏 kuī 동 손해 보다, 잃어버리다, 손실되다

**1　一把年纪** yì bǎ niánjì 나이가 지긋하다

"把"原来是量词，一般用于可以用手拿的东西或者指可以用一只手拿的量。这里的"把"是"把"的抽象用法。"一把年纪"是将无法触及的时间单位用形象的方式表达出来，形容年纪大。

"把"는 양사로 손으로 잡는 물건, 잡는 양, 한 줌을 나타낸다. 여기서 "把"는 연령을 나타내는 추상적 의미로 쓰이고 있다. "一把年纪"는 손으로 잡을 수 없는 추상적인 것, 즉 나이가 많은 것을 표현하고 있다.

例　· 他都一把年纪了，还穿紧身牛仔裤!
　　· 你都一把年纪了，怎么还和小孩子打架。
　　· 那些游戏适合小孩子，我都一把年纪了，不感兴趣。

**2　判若两人** pànruò liǎngrén 전혀 딴 사람 같다

形容某人前后的言行或者长相明显不一致，像两个人一样。

어떤 사람의 앞뒤 말과 행동 또는 모습이 일치되지 않아 전혀 딴 사람 같음을 형용한다.

例　· 她今天跟以往判若两人。
　　· 他结婚之后性格判若两人。
　　· 她原来很害羞，但自从上大学以来已经判若两人。

1. **异样 yìyàng** 형 이상하다, 특별하다

2. **竟然 jìngrán** 부 뜻밖에도, 의외로

3. **乃至 nǎizhì** 부 더 나아가서

4. **亚文化 yàwénhuà** 명 비주류문화

5. **为人处世 wéirén chǔshì** 성 남과 잘 사귀며 살아가다

6. **作派 zuòpài** 명 위엄, 위신, 가식적인 자세

7. **引人瞩目 yǐnrén zhǔmù** 성 사람이나 사물이 특별해서 흡인력이 있다

8. **冲击力 chōngjīlì** 명 충격

9. **知名度 zhīmíngdù** 명 지명도, 세상에 이름이 알려진 정도

10. **昔日 xīrì** 명 옛날, 지난날

11. **风靡 fēngmǐ** 동 풍미하다, 유행하다

12. **天下 tiānxià** 성 하늘 아래의 온 세상, 한 나라 전체

13. **素质 sùzhì** 명 소질, 자질

14. **宣扬 xuānyáng** 동 선양하다, 널리 알리다

15. **股 gǔ** 양 맛, 기체, 냄새, 힘 따위를 세는 단위

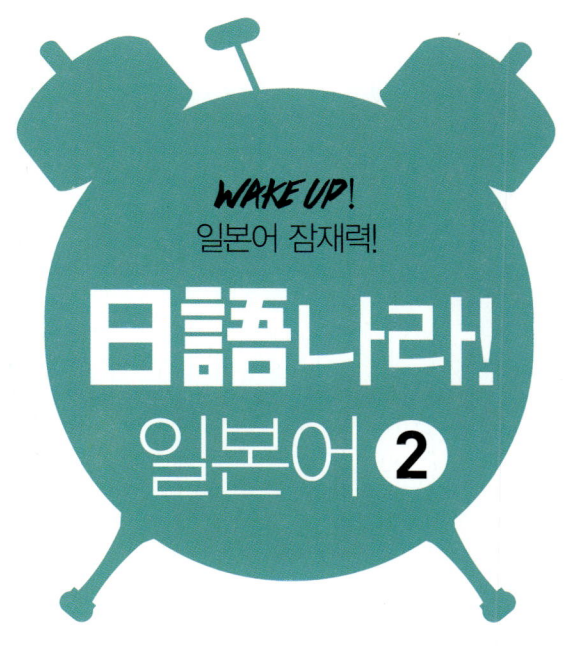

WAKE UP!
일본어 잠재력!

# 日語나라!
## 일본어 ②

시사북스
(주)시사일본어사®

본 교재는 대학의 교양과정에서 사용하기에 적합한 교재를 만들고자 저자들의 교육 경험을 살려 집필하였습니다. 제1권에 이어 초급과정에서 필수적으로 익혀야 할 내용을 10과 편성으로 구성하였습니다. 특히 1과의 수수표현(주고 받음)은 일상 생활에서 많이 사용되면서도 우리나라와는 다른 표현법의 중요 어법 중 하나입니다. 일반 교재에서는 주로 책 뒷부분에 등장하지만 본 교재에서는 활용도가 높은 어법을 전면에 배치하고자 하는 원칙에 따라 앞 부분에 배정하였습니다. 그러다 보니 학습자에 따라 갑자기 어려워진 느낌을 받을 수도 있습니다만, 중요도가 높은 표현을 집중도가 높은 전반부에서 학습하게 함으로서 많은 활용이 가능하도록 하고자 하는 기획의도가 있습니다.

가장 자연스럽고 실용적인 교재는 실제 생활이 반영된 드라마나 영화 등이 아닐까 합니다. 외국어 교재는 대부분 학습과정에 맞게 다소 인위적인 형태로 필요에 의해 만들어진 것이 많아 제시된 회화문이 실제 생활에서는 그다지 유용하지 못할 수 도 있습니다. 그러나 기본적인 어휘와 표현 , 문형들을 익혀가면서 여러분도 모르는 사이에 일본어의 구조를 이해하고 일본어 문장이 익숙해질 것입니다. 언어습득의 열쇠는 목표언어와 얼마나 친해질 수 있는가 에 있습니다. 그러나 교재를 통해 외국어를 익힐수 있는 확률은 그다지 높지 않다고 합니다. 그 이유는 아마도 초심을 유지하며 끝까지 학습해가기 어렵기 때문일 것입니다. 바꾸어 말하면 첫 과를 공부할 때의 열정과 각오를 마지막까지 유지할 수 있다면 아마도 여러분은 기초과정의 일본어를 익히고 다음 레벨로 올라갈 수 있을 것입니다. 처음 일본어에 도전하는 여러분들에게 몇 가지 팁(Tip)을 드리고자 합니다. 참고하시길 바랍니다.

1. 매일 꾸준히 최소한 30분 이상 공부하자.
2. 머리로 익히려고 하지 말고 입과 귀로 공부하자.
3. 큰 소리와 반복으로 단어와 문장이 입에서 튀어 나올 수 있도록 하자.

위의 세 가지 항목에 충실하게 따른다면 여러분은 일본어의 달인이 되어 있을 것입니다. 물론 쉬운 일은 아니지요. 그러나 여러분이 외국어(일본어)를 정복하기 위해서는 매일 꾸준히 공부하는 것이 제일 중요합니다. 그것도 머리로 암기하는 것이 아니라 끊임없이 반복해서 큰 소리로 읽고 들으며 익힐 때 어느덧 일본어는 여러분의 제2 언어로 자리잡아갈 것입니다.

がんばってください！ファイト！(열심히 하세요! 파이팅!)

저자 일동

# 차 례

# 구성 및 특징

　이 책은 전체적으로 본문-회화문은 총 10과로 구성되어 있으며, 「단어 체크」, 「표현 체크」, 「문법&문형 포인트」, 「회화 1, 2」, 「확인 학습」, 「연습 문제」, 「문화 코너」로 구성되어 있습니다. 「단어 체크」및 「표현 체크」,는 각 과를 시작하기에 앞서 새로 나온 단어와 표현을 품사와 의미별로 알기 쉽게 제시하였습니다. 「문법&문형 포인트」는 핵심이 되는 문법과 문형 및 회화에서 꼭 필요한 필수 표현들을 다양한 예문과 설명으로 제시하여 실제 회화 장면에서 곧바로 응용할 수 있도록 구성하였습니다. 「회화 1, 2」는 앞에서 학습한 단어 및 문형을 기반으로 실생활 커뮤니케이션 장면에서는 어떻게 사용되는지, 자연스러운 일본어 회화 습득을 목표로 구성하였습니다. 「확인 학습 1, 2」는 매 과에서 학습한 내용을 최종 점검하는 차원에서 언어의 4가지 기능(읽기, 쓰기, 듣기, 말하기) 능력이 균형있게 길러질 수 있도록 구성하였습니다. 「문화 코너」는 전반적인 언어 생활과 더불어 현재의 일본을 바르게 알고 이해하는데 도움이 되는 다양한 문화 관련 내용을 수록하였습니다. 마지막 부록에서는 각 과의 듣기 연습문제의 스크립트와 쓰기의 정답 등을 수록하였습니다.

# 등장인물

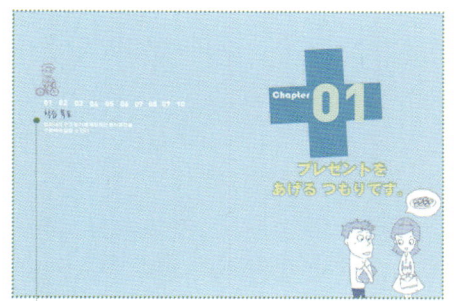

학습 목표

각 과에서 학습할 내용을 학습 목표로 제시하여
학습의 동기 부여가 되도록 하였습니다.

단어 체크 / 표현 체크 / 문법&문형 포인트

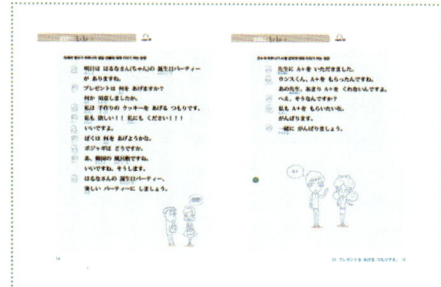

회화 1 / 회화 2

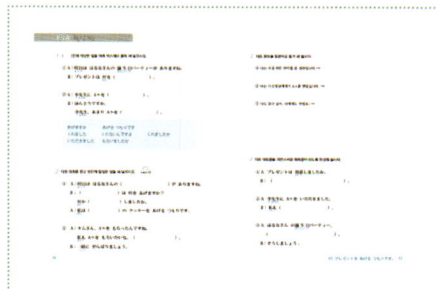

확인 학습

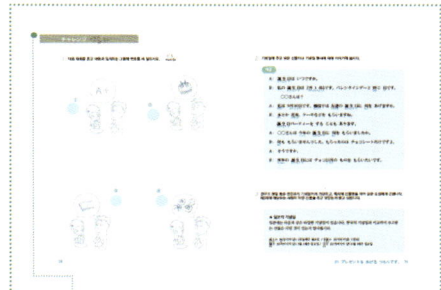

연습 문제

청취 문제

연습문제 가운데 청취 문제를 별도로 구성하여
회화의 근간이 되는 청취력 향상에 도움이 되도
록 하였습니다.

문화 코너

日本語で読もう

저자가 일본과 한국에서 경험했던 양국의 문화
차이를 에세이 형식으로 써내려간 문화 코너입
니다. 재미있는 문화 칼럼을 읽어가며 일본어
독해력 향상에도 도움을 줄 수 있도록 한국어와
병행하여 일본어도 함께 실어 놓았습니다.

**01  02  03  04  05  06  07  08  09  10**

학습 목표

일본어의 주고 받기에 해당하는 동사표현을
구분하여 말할 수 있다.

# Chapter 01

## プレゼントを あげる つもりです。

## 単語 단어 체크

- □ 明日 (あした) 내일
- □ 誕生日 (たんじょうび) 생일
- □ パーティー 파티
- □ あげる 주다
- □ 用意する (ようい) 준비하다
- □ 手作り (てづくり) 손수 만듦, 또는 손수 만든 것
- □ クッキー 쿠키
- □ ～つもり ~예정

  *「동사의 기본형+つもり(~할 예정)」

- □ ポジャギ 보자기
- □ 風呂敷 (ふろしき) 일본 보자기

- □ 楽しい (たの) 즐겁다, 즐거운
- □ もらう 받다
- □ くれる 주다
- □ がんばる 노력하다, 분발하다
- □ 一緒に (いっしょ) 함께
- □ 好きな (す) 좋아하는
- □ 作家 (さっか) 작가
- □ 成績 (せいせき) 성적
- □ なかなか 좀처럼, 웬만해서는
- □ お土産 (みやげ) 선물
- □ お菓子 (かし) 과자

## 表現 표현 체크

❶ 私も 欲しい (わたし)(ほ) 저도 갖고 싶어요
❷ 私にもください 저도 주세요
❸ いいですよ 좋아요
❹ どうですか 어떻습니까? (어때요?)

❺ ～にしましょう ~로 합시다
❻ いただきました 받았습니다
❼ ほんとうですか 정말입니까?
❽ すごいですね 대단하군요

① やる / あげる / さしあげる　(내가 타인에게)주다.

\* 「やる / あげる / さしあげる」의 주어는 주는 사람으로, 나 혹은 나의 가족에 해당한다. 주는 사람과 받는 사람이 3인칭인 경우에도 사용할 수 있다.

（私は）友だちに 日本語の本を あげます。
(나는) 친구에게 일본어 책을 줍니다.

金さんは 田中さんに ポジャギを あげました。
김씨는 다나카씨에게 보자기를 주었습니다.

\* 「やる」는 친밀한 관계에서 손윗사람이 손아랫사람에게 주는 경우에 사용한다. 또는 동물이나 식물에게 먹이나 물을 줄 때도 쓰인다.

\* 「さしあげます」는 받는 사람이 손윗사람인 경우 사용한다.

（私は）花に 水を やります。
(나는) 꽃에 물을 줍니다.

（私は）犬に えさを やります。
(나는) 개에게 먹이를 줍니다.

（私は）先生に 手作りのクッキーを さしあげます。
(나는) 선생님께 직접 만든 쿠키를 드립니다.

② もらう / いただく　(내가 타인에게) 받다

\* 「もらう」는 주어가 받는 사람이다. 주로 내(가족이나 친척 포함)가 타인으로부터 무언가를 받을 때 사용하지만, 주는 사람과 받는 사람 모두 3인칭인 경우에도 사용 가능하다.

私は 友だちに クッキーを もらいました。
나는 친구에게 쿠키를 받았습니다.

田中さんは 金さんに ポジャギを もらいました。
다나카씨는 김씨에게 보자기를 받았습니다.

\* 「いただく」는 손윗사람으로부터 물건을 받을 때에 사용한다.

（私は）先生に 日本語の 本を いただきました。
(나는) 선생님께 일본어책을 받았습니다.

（妹は）金さんに ケーキを いただきました。
(여동생은) 김씨께 케익을 받았습니다.

③ くれる / くださる　(타인이 나에게)주다

＊「くれる」는 의 주어는 받는 사람이며, 받는 사람은 자신이나 자신의 영역에 속해 있는 사람(가족이나 같은 회사 사람 등)이 된다.

友だちが わたしに クッキーを くれました。
친구가 나에게 쿠키를 주었습니다.

田中さんが 妹に 花を くれました。
다나카씨가 여동생에게 꽃을 주었 습니다.

＊「くださる」의 주어는 손윗사람이다.

先生が 私に 日本語の 本を くださいました。
선생님께서 나에게 일본어책을 주셨습니다.

鈴木さんが 弟に かわいい 子犬を くださいました。
스즈키씨께서 남동생에게 귀여운 강아지를 주셨습니다.

④ ～ましょう　~(합)시다, ~은(는) ~하지요

＊ 상대방에게 무엇을 권하거나 자기의 의지를 나타낼 때 사용한다.

楽しい パーティーに しましょう。
즐거운 파티를 합시다.

次の 試験は 一緒に がんばりましょう。
다음 시험은 함께 열심히 해 봅시다.

週末に 映画を 見ましょう。
주말에 영화를 봅시다.

⑤ ～つもりです　~(할)작정(생각)입니다

＊「～つもりだ」는 미래의 계획에 대한 화자의 의지・의향을 나타낸다. 부정 표현은
「～ないつもりだ」이다.

私は 手作りの クッキーを あげる つもりです。
나는 직접 만든 쿠키를 줄 생각(예정)입니다.

夏休みには 旅行を する つもりです。
여름방학에는 여행을 할 생각(예정)입니다.

今度の 試験は がんばる つもりです。
다음 번 시험은 열심히 해 볼 생각입니다.

日本には 行かない つもりです。
일본에는 가지 않을 예정입니다.

夜遅くまで ゲームを しない つもりです。
밤늦게까지 게임을 하지 않을 겁니다.


⑥ あまり～ない　그다지 ~(하지) 않다

あの 先生 あまり A⁺を くれないんですよ。
저 선생님은 그다지 A⁺를 주지 않으세요.

最近、彼とは あまり 会わないんですよ。
최근, 그와는 별로 만나지 않는걸요.

私は あまり 甘い物は 食べないんですよ。
저는 별로 단 음식은 먹지 않아요.

미희와 현우가 하루나의 생일 선물에 대해 이야기 하는 장면

明日は はるなさん(ちゃん)の 誕生日パーティー
が ありますね。

プレゼントは 何を あげますか？
何か 用意しましたか。

私は 手作りの クッキーを あげる つもりです。

ぼくも 欲しい！！ ぼくにも ください！！！

いいですよ。

ぼくは 何を あげようかな。

ポジャギは どうですか。

あ、韓国の 風呂敷ですね。
いいですね。そうします。

はるなさんの 誕生日パーティー、
楽しい パーティーに しましょう。

은수와 하루나가 시험 성적에 대해 이야기 하는 장면

 先生に　Ａ⁺を　いただきました。
せんせい

 ウンスくん、Ａ⁺を　もらったんですね。

あの先生、あまり　Ａ⁺を　くれないんですよ。

 へえ、そうなんですか？

 私も　Ａ⁺を　もらいたいな。
わたし

がんばります。

 一緒に　がんばりましょう。
いっしょ

1 (    )안에 적당한 말을 아래 박스에서 골라 써 넣으시오.

① A：明日は　はるなさんの　誕生日パーティーが　ありますね。
　　　　あした　　　　　　　　たんじょうび

　　B：プレゼントは　何を　(　　　　　　　　　)。
　　　　　　　　　　　なに

② A：李先生に　A⁺を　(　　　　　　　　)。
　　　イせんせい

　　B：ほんとうですか。

　　　李先生、あまり　A⁺を　(　　　　　　　　)。

あげますか　　　　あげる　つもりです

くれました　　　　くれないんですよ　　　　くれましたか

いただきました　　もらいましたか

2 다음 대화를 듣고 빈칸에 알맞은 말을 써 넣으시오.　🎧 track-03

① A：明日は　はるなさんの　(　　　　　　　　　　)が　ありますね。
　　　あした

　　B：(　　　　　　　　)は　何を　あげますか？
　　　　　　　　　　　　　　　なに

　　　何か　(　　　　　　　)しましたか。

　　A：私は　(　　　　　　)の　クッキーを　あげる　つもりです。
　　　　わたし

② A：キムさん、A⁺を　もらったんですね。

　　　私も　A⁺を　もらいたいな。(　　　　　　　　)。

　　B：一緒に　がんばりましょう。
　　　　いっしょ

16

*3* 다음 문장을 일본어로 옮겨 써 봅시다.

① 나는 직접 만든 쿠키를 줄 생각입니다.→

② 나는 이선생님에게서 A⁺를 받았습니다. →

③ 나도 갖고 싶어. 나에게도 주세요. →

*4* 다음 대화문을 자연스러운 회화문이 되도록 완성해 봅시다.

① A : プレゼントは 用意しましたか。
　　　　　　　ようい

　 B : （　　　　　　　　　　　　　　　　　）。

② A : 李先生に A⁺を いただきました。
　　　　イ せんせい

　 B : 私も （　　　　　　　　　　　）。
　　　わたし

③ A : はるなさん の誕生日パーティー、
　　　　　　　　　　たんじょう び
　　　　（　　　　　　　　　　　　　　　　）。

　 B : そうしましょう。

1 다음 대화를 듣고 내용과 일치하는 그림에 번호를 써 넣으시오.  track-04

2 기념일에 주고 받은 선물이나 기념일 행사에 대해 이야기해 봅시다.

예문

A : 誕生日は いつですか。

B : 私の 誕生日は 2月 14日です。バレンタインデーと 同じ 日です。

○○さんは？

A : 私は 9月10日です。韓国では 友達の 誕生日に 何を あげますか。

B : 本とか 花束、ケーキなどを あげますね。

誕生日パーティーを する ことも あります。

A : ○○さんは 今年の 誕生日に 何を もらいましたか。

B : 何も もらいませんでした。もらったのは チョコレートだけですよ。

A : そうですか。

B : 来年の 誕生日には チョコ以外の ものを もらいたいです。

3 친구의 생일 혹은 연인과의 기념일이라 가정하고, 쪽지에 선물명을 적어 같은 조원에게 건넵니다.
제3자에 해당하는 사람이 어떤 선물을 주고 받았는지 묻고 답합니다.

★ 일본의 기념일
일본에는 다음과 같은 다양한 기념일이 있습니다. 한국의 기념일과 비교하여 주고받
는 선물은 어떤 것이 있는지 알아봅시다.

成人の 日(성인의 날): 1月둘째주 월요일 / 子供の 日(어린이날): 5月5日
母の 日(어머니의 날): 5월 2째주 일요일 / 父の 日(아버지의 날): 6월 3째주 일요일

# 文化コーナー
## 문화 코너

### 결혼식

　일본에 갔었을 때 결혼식에 참석한 적이 있다. 일본의 결혼식 축의금은 평균 3만 엔(약45만원)정도로 비싼 편이다. 나는 학생이기 때문에 2만엔(약35만원)으로 축 의금을 내도 된다고 들었지만 그래도 비싸다고 생각한다.

　축의금의 금액보다 더욱 놀란 것은 바로 축의금 봉투다. 왜냐하면 그 종류가 무수 히 많기 때문이다. 단순한 디자인의 봉투가 있는가 하면 엄청나게 화려한 봉투도 있 으며, 봉투 한 장에 3천엔(약4만5천원)이나 하는 화려한 것까지 있다. 일회용 소모 품이기 때문에 아깝다는 생각이 들기도 하지만, 받는 사람의 입장에서는 기쁠 것 같 다. 다른 사람에게 이 정도의 배려를 하고 있구나 싶었다.

　축의금으로 인해 가난해진다는 '고슈우기 빈보우' 라는 말이 있는데, 왜 그렇게 되 는지 그 이유를 잘 느낄 수 있었다.

　한국의 결혼식에 갔었는데 일본의 결혼식과 비교해봤을 때 너무 심플했기 때문에 놀랐다. 일본의 결혼식은 결혼식부터 참석하는 사람들이 있는가 하면, 피로연 행사 부터 참석하는 사람들도 있다. 하지만 그에 비해 한국은 대부분 결혼식부터 참석하 는 것이 일반적이었다.

　결혼식의 진행시간에서도 보면 한국의 결혼식과 일본의 결혼식의 차이점이 또 한 가지가 보이는데, 일본은 피로연만으로도 2~3시간씩 하는데 비해, 한국의 결혼식 은 단체사진까지 찍는데 1시간 정도 시간이 소요되었다.

　일본의 결혼식 복장에 비해 한국의 결혼식 복장은 비교적으로 간단했고, 편하다고 생각한다. 하지만, 무엇보다 좋은 것은 축의금이 싸다는 점이다.

　역시 나라가 다르면 여러 가지 면에서 다르구나.

## 結婚式
けっこんしき

　日本に行ったとき、結婚式に行った。日本の結婚式はご祝儀が高い。
にほん　　い　　　　　　けっこんしき　　　　　　　にほん　けっこんしき　　　しゅうぎ　　たか
平均３万円だ。ぼくは学生なので、２万円でいいといわれたけど、それ
へいきん　まんえん　　　　　　　がくせい
でも高い。
たか

　もっと驚いたのはご祝儀袋だ。種類がたくさんある。シンプルなもの
おどろ　　　　　　　　ふくろ　　　　しゅるい
から、一つ３０００円もする豪華なものまで。一回しか使わないのに、
えん　　　　　　ごうか　　　　　　　　いっかい　　つか
もったいないと思うけど、もらった人は嬉しいんだって。他人への気遣
おも　　　　　　　　ひと　うれ　　　　　　　　たにん　　　きづか
いをこんなところにまでするんだなぁ、と思った。
おも
ご祝儀でお金がない、という「ご祝儀貧乏」という言葉をきくけど、そ
かね　　　　　　　　　　　　びんぼう　　　　ことば
の理由がよくわかった。
りゆう

　韓国の結婚式に行った。
かんこく　けっこんしき　い
すごくシンプルでびっくりした。日本では、披露宴だけでも２時間から
ひろうえん　　　　　　　　じかん
３時間くらいかかるのに、韓国では式から参加するのが普通で、写真ま
かんこく　　しき　さんか　　　　　　ふつう　　しゃしん
で撮って、１時間くらいだった。
と
着ていく服も、日本より簡単でいいし、楽。何より、ご祝儀が安くて助
き　　　　ふく　　　　　かんたん　　　らく　なに　　　　　　　やす　　たす
かった♪
　やっぱり国が違うといろいろ違うんだなあ。
くに　ちが　　　　　　　ちが

**01  02  03  04  05  06  07  08  09  10**

학습 목표

다양한 동작의 진행형 표현을
말할 수 있다

# Chapter 02

## サークルの 説明を
## して います。

□ **サークル** 동아리

□ **新しい** 새롭다, 새로운
あたら

□ **メンバー** 멤버, 회원

□ **募集** 모집
ぼ しゅう

□ **ぜひ** 꼭, 반드시

□ **入る** 들어가(오)다
はい

□ **申し込み** 신청
もう こ

□ **紙** 종이
かみ

□ **名前** 이름
な まえ

□ **連絡先** 연락처
れんらくさき

□ **書く** 쓰다
か

□ **教室** 교실
きょうしつ

□ **説明** 설명
せつめい

□ **まっすぐ** 곧장, 똑바로

□ **行く** 가다
い

□ **講義棟** 강의동
こう ぎ とう

□ **~階** ~층
かい

□ **カフェモカ** 카페모카

□ **店員** 점원
てんいん

□ **今** 지금
いま

□ **ショートサイズ** 쇼트사이즈

□ **トールサイズ** 톨사이즈

□ **変える** 바꾸다
か

□ **イベント** 이벤트

□ **やる** 하다

\*する와 같은 의미로 좀 더 구어적 표현.

□ **となり** 이웃, 옆

□ **ホット** 핫, 뜨거운

□ **カフェラテ** 카페라떼

❶ **そうすると** 그러면

❸ **かしこまりました** 알겠습니다

（\*「わかりました」보다 공손한 표현）

❷ **少々 お待ちください**
しょうしょう ま

조금 기다려주십시오

**① ～て ください** ~해 주세요 (~해 주십시오).

\*동사의 「て형」 다음에 「ください」를 붙여서 의뢰나 가벼운 명령을 표현한다.

ここに 連絡先を 書いて ください。
여기에 연락처를 적어 주세요.

この 道を まっすぐ 行って ください。
이 길을 쭉 가 주세요.

もう 少し 待って ください。
조금만 기다려 주세요.

**② ～て います（進行）** ~고 있습니다

\*「～ています」는 동작의 진행을 나타낸다.

今、4206教室で サークルの 説明を しています。
지금, 4206교실에서 서클 설명회를 하고 있습니다.

教室で 説明を 聞いています。
교실에서 설명을 듣고 있습니다.

名前と 連絡先を 書いています。
이름과 연락처를 적고 있습니다.

③ お～ください  ~해 주십시오

    ＊ 상대방에 대한 경의감을 가지고 의뢰를 한다거나, 권유하는 경우에 쓰이는 표현.
       「～てください」 보다 존경의 정도가 깊다.

    少々 お待ち ください。
    잠시만 기다려 주세요.

    あちらから お入りください。
    저쪽으로 들어와 주세요.

    よろしかったら お持ちください。
    괜찮으시다면 가져가셔도 됩니다.

    ＊「お～ください」 에 맞물려, 앞에 붙게 되는 「少し·あっち·よかったら」 를 대신하여
      少々·あちら·よろしかったら」 를 사용할 경우에 보다 자연스러운 표현이 된다.

④ かしこまりました  알겠습니다

    ＊「わかりました」 의 정중한 표현.

    ここに お名前と 連絡先を 書いて ください。
    여기에 이름과 연락처를 적어 주세요.

    はい。かしこまりました。
    네. 알겠습니다.

    ＊ 이 밖에,「わかりました」 의 정중한 표현으로 「承知いたしました」 등이 있다.

⑤ ぜひ〜ください  꼭 ~(해)주세요

　　＊ 마음을 담아서, 어떠한 행위를 강하게 부탁하는 경우 사용되는 표현.

　　　ぜひ 一度 おいで ください。
　　　꼭 한번 들러주세요.

　　　ぜひ 日本に 行きたいです。
　　　꼭 일본에 가보고 싶습니다.


　　＊ 유사 표현

　　　きっと / かならず (꼭/반드시)

　　　金さんは きっと 来ると 思います。
　　　김씨는 꼭 올 거예요.

　　　金さんは 必ず 来ると 思います。
　　　김씨는 반드시 올 거예요.

　　　金さんに ぜひ 来るように 言って ください。
　　　김씨께 꼭 와달라고 전해주세요.

track-05

진영 군이 서클 회원 모집을 하고 있는 장면

 日本語サークルでは 今、新しいメンバーを
募集しています。ぜひ、入って ください。

 申し込みは どこで しますか。

 この 紙に 名前と 連絡先を 書いて ください。

それと、今、４２０６教室で サークルの 説明を

して います。

 ４２０６教室は どこに ありますか。

 ここを まっすぐ 行って ください。

そう すると、第４講義棟が あります。

その ２階ですよ。

 わかりました。

ありがとうございます。

카페에서

 カフェモカ ください。

 今、ショートサイズを トールサイズに 変える
イベントを やって います。

 じゃあ、ショートを トールに して ください。

 かしこまりました。

少々 お待ちください。

1 (   )안에 적당한 말을 아래 박스에서 골라 써 넣으시오.

　①Ａ：××サークルでは　今、新しいメンバーを（　　　　　　　　　）。
いま　あたら

　　　　ぜひ、（　　　　　　　　　）。

　　Ｂ：申し込みは　どこで　しますか。
もう　こ

　　Ａ：この　紙に（　　　　　　　　　）。
かみ

　②Ａ：今、ショートサイズを　トールサイズに　変える　イベントを
いま　　　　　　　　　　　　　　　　　　か

　　　　（　　　　　　　　　）。

　　Ｂ：じゃあ、ショートをトールに（　　　　　　　　　）。

　　募集して　います　　／　　入って　ください　　／　　書いて　ください
ぼしゅう　　　　　　　　　　　　　　は　　　　　　　　　　　　　か
　　して　います　／　して　ください　／　待って　ください　／　行って　ください
ま　　　　　　　　　い

2 다음 대화를 듣고 빈칸에 알맞은 말을 써 넣으시오.　🎧 track-07

　　Ａ：この　紙に（　　　　　　）と　連絡先を　書いて　ください。
かみ　　　　　　　　　　　　れんらくさき　か

　　　　それと、今、４２０６（　　　　　　　）で　サークルの　説明を
いま　　　　　　　　　　　　　　　　せつめい
　　　しています。

　　Ｂ：４２０６（　　　　　　　）は　どこに　ありますか。

　　Ａ：ここを（　　　　　　　）行って　ください。
い
　　　　そう　すると、第４（　　　　　　　）が　あります。
だい

　　　　その（　　　　　　　）ですよ。

　　Ｂ：わかりました。ありがとうございます。

*3* 다음 문장을 일본어로 옮겨 써 봅시다.

① 새로운 멤버를 모집하고 있습니다. →


② 이 종이에 이름과 연락처를 적어주세요. →


③ 여기에서 곧장 가세요. →


*4* 다음 대화문을 자연스러운 회화문이 되도록 완성해 봅시다.

① A：教室は　どこですか。
　　きょうしつ
　　B：（　　　　　　　　　　　　　　　　）。

② A：今、（　　　　　　　　　　　　　　）。
　　いま
　　B：４２０６（　　　　　）は　どこに　ありますか。

③ A：カフェモカ　ください。
　　B：今、（　　　　　　　　　　　　　　　　）。

| 동사의<br>て변형 | 1그룹 | う・つ・る로 끝나는 동사　→　う・つ・る 탈락시킨 후 ＋って<br>ぬ・ぶ・む 로 끝나는 동사 → ぬ・ぶ・む 탈락시킨 후 ＋んで<br>く・ぐ로 끝나는 동사 → 　く・ぐ 탈락시킨 후 ＋いて・いで<br>す 로 끝나는 동사 → す 탈락시킨 후 ＋して<br>行く 로 끝나는 동사 → 　行って(いって) |
|---|---|---|
| | 2그룹 | 어미 る를 탈락시킨 후＋て |
| | 3그룹 | する　→　して<br>来る　→　来て（きて）<br>　く　　　　　き |

*1* 다음 대화를 듣고 내용과 일치하는 그림에 번호를 써 넣으시오.  track-08

①　②

③　④

2 조별모임을 통해 커피숍이나 상점에서의 역할극을 만들어 봅시다.

> **예문**
>
> A: カフェモカ 一つ ください。
>
> B: ホットの カフェモカですね。サイズは どうしましょうか。
>
> A: ショートで お願いします。
>
> B: はい、かしこまりました。
>
> A: すみません。トールに 変えて ください。
>
> B: トールですか。少々 お待ちください。

3 다음의 그림을 보고 〈예〉와 같이 약속장소 안내를 해 봅시다.

〈예〉

この道を まっすぐ 行って ください。

そして、右に 曲がって ください。

すると 左に 講義棟が あります。

その 講義棟の 前で 待って います。

# 文化コーナー
## 문화 코너

### 카페

 일본은 한국과는 달리 카페가 많이 없기 때문에 불편함을 많이 느낀다. 쇼핑에 지친 몸을 달래기 위해 주위의 카페를 찾아 봤지만 없었다. 백화점 같은 사람들의 왕래가 많은 곳에는 있지만, 언제나 붐비기 때문에 쉽게 음료를 주문할 수 없는가 하면, 조금 멀리 떨어진 곳에 자리잡고 있는 카페를 가야 하는 불편함을 겪어야만 했다. 하지만 한국의 카페에서는 흔히 볼 수 없는 홍차가 일본 카페에는 어디에든 존재한다. 한국 사람들은 커피를 많이 좋아하고 즐겨 마시지만, 일본은 다양한 차(茶)를 즐기는 문화가 있기 때문에 커피뿐만 아니라 홍차에서부터 여러 가지 차(茶)를 좋아하고 즐겨 마시는 사람이 많다.

 한국에는 놀랄 정도로 카페가 많다. 서울 시내나 거리를 돌아다니다 보면 카페 옆에 또 다른 카페가 있는 곳이 많은데, 이는 일본인인 나에게 놀라운 광경임이 분명하다. 하지만 카페가 즐비해 있기 때문에, 쇼핑이나 외출로 인해 몸이 피로할 때, 가벼운 마음으로 카페를 들려 쉴 수 있으니 너무 좋다. 용변이 급할 때, 화장실을 쉽게 이용할 수 있는 편리함도 갖추고 있고, 카페를 이용하기 위해 줄을 안 서도 된다. 일본에도 한국처럼 많은 카페가 있다면 편할 텐데...

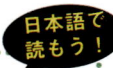
カフェ

　日本に行って困ったことがある。カフェが少ない。
ショッピングで疲れて休もうと思っても、カフェが少ないし、デパート
の中にあるカフェはいつもいっぱいで、並ばなければならない。少し離
れたところまで行ったりしなければいけないので、大変だった。でも、
日本のカフェには紅茶が必ずある。日本人はコーヒーだけでなく、紅茶
が好きな人も多いと聞いていたけど、本当にそんな気がする。

　韓国には驚くほどカフェが多い。
隣り合っていることもあって、すごく驚いた。でも、ショッピングで疲
れたりしたときに、休むのにはすごくいい。トイレを見つけるのに苦労
することもないし、カフェに入るために並ぶ必要もない。日本にもこれ
くらいカフェが増えればいいのになぁ。

**01 02 03 04 05 06 07 08 09 10**

학습 목표

상태를 나타내는 진행형 표현을
말할 수 있다

# Chapter 03

## 行っては いけません。

□ 寮 기숙사
りょう

□ 決まり 결정, 규칙
き

□ 張り紙 벽보
は  がみ

□ 温泉 온천
おんせん

□ 暮らし 생활
く

□ 気を つける 신경 쓰다, 주의하다
き

□ いろいろ 여러가지

□ 男湯 남탕
おとこ ゆ

□ 規則 규칙
き そく

□ 女湯 여탕
おんな ゆ

□ 門限 통금시간
もんげん

□ 間違える 실수하다, 착각하다
ま ちが

□ 以降 이후
い こう

□ 他に 그밖에
ほか

□ 共同食堂 공동식당
きょうどうしょくどう

□ お風呂 목욕탕, 욕실
ふ ろ

□ 使う 사용하다
つか

□ タオル 타월, 수건

□ 男性 남자
だんせい

□ 入れる 넣다, 들어가게 하다
い

□ 女性 여자
じょせい

□ サウナ 사우나

□ 部屋 방
へ や

□ 持つ 가지다, 들다
も

□ 玄関 현관
げんかん

□ 絵 그림
え

□ 閉まる 닫히다
し

□ かかる 걸리다, (시간 또는 돈 등이)들다

□ 裏口 뒷문
うらぐち

□ かける 걸다, 매다, 달다

□ 決まる 정해지다
き

❶ どうですか 어떻습니까?

❺ そうなんですか 그래요?

❷ あるんですね 있군요

❻ よく わかりました 잘 알겠습니다

*ありますね와 같은 표현이나, 보다 구어적.

① ～て います（状態）  ~해 있습니다 (상태)

＊「～て います」는 제2과에서 제시한 동작의 진행을 나타내는 것 이외에,
　동작의 상태나 습관 등도 표현할 수 있다. 「て형」의 앞에는 자동사가 온다.

　　1時 以降、玄関の ドアは 閉まって います。
　　　1시이후, 현관문은 잠겨있습니다.

　　教室の 窓が 開いて います。
　　　교실창문이 열려있습니다.

　　家の 前に 車が 止って います。
　　　집 앞에 차가 서 있습니다.

＊습관을 표현하는 「～て います」.

　　私は 毎朝、バスで 学校に 通って います。
　　　저는 매일 아침, 버스로 학교에 다니고 있습니다.

　　朴さんは 日本の 会社で 働いて います。
　　　박씨는 일본회사에서 일하고 있습니다.

＊보통 「～て います」 형태로 쓰이는 동사.

　　私は 母に、妹は 父に 似て います。
　　　저는 엄마와, 여동생은 아빠와 닮았습니다.

　　朴さんは ソウルに 住んで います。
　　　박씨는 서울에서 살고 있습니다.

＊몸에 익히거나 착용하고 있는 상태를 나타내는 「～て います」.

　　田中さんは めがねを かけて います。
　　　다나카씨는 안경을 쓰고 있습니다.

　　金さんは いつも 帽子を かぶって います。
　　　김씨는 항상 모자를 쓰고 있습니다.

② ～て あります ~어 있습니다

\* ① 의 「～て います」 와 같이 동작 상태를 나타내는 표현으로, 「て형」 의 앞에는 타동사가 온다.

ここに 規則の 紙が はって あります。
여기에 규칙서가 붙어있습니다.

教室の 窓が 開けて あります。
교실창문이 열려있습니다.

家の 前に 車が 止めて あります。
집 앞에 차가 세워져 있습니다.

③ ～ても いいです ~해도 됩니다

\* 상대에게 허가를 구하거나, 허가를 내릴 때에 사용되는 표현.

食事は いつ しても いいです。
식사는 언제 해도 괜찮습니다.

裏口から 入っても いいです。
뒷문으로 들어가도 괜찮습니다.

サウナには タオルを 持って いっても いいです。
사우나에는 타올을 들고 들어가도 괜찮습니다.

④ ～ては いけません　~해서는 안 됩니다

　　＊강한 금지를 나타내는 표현.

　　1時 以降に 帰って 来ては いけません。
　　1시 이후에 돌아와서는 안 됩니다.

　　男湯と 女湯を 間違えてはいけません。
　　남탕과 여탕을 틀리면 안 됩니다.

　　お風呂に タオルを 入れては いけません。
　　목욕탕에 타올을 넣으면 안 됩니다.

하루나와 소라가 기숙사 앞에서 이야기 하는 장면

 はるなさん、寮での 暮らしは どうですか。

 楽しいですよ。

でも、いろいろ 規則が あります。

この 紙を 見て ください。

---

1、門限は 1時です。1時 以降に 帰って 来ては いけません。

2、食事は いつ しても いいです。

3、男性は 女性の、女性は 男性の 部屋に 行っては いけません。

4、1時以降、玄関の ドアは 閉まって います。

　　裏口から 入って ください。

---

 へぇ、たくさんの 決まりが ありますね。

미희와 하루나가 일본의 온천에 대해 이야기 하는 장면

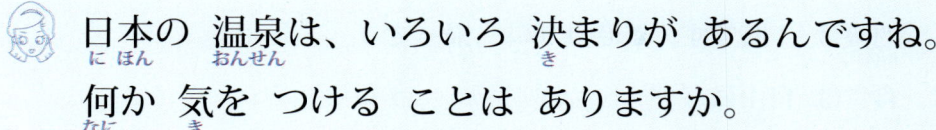

日本の 温泉は、いろいろ 決まりが あるんですね。
にほん おんせん き

何か 気を つける ことは ありますか。
なに き

男湯と 女湯が 決まって います。
おとこ ゆ おんな ゆ き

間違えては いけません。
まちが

他には どんな ことが ありますか。
ほか

そうですね。

お風呂に タオルを 入れては いけません。
ふ ろ い

そうなんですか。

はい。でも、サウナには タオルを 持って いっても
も

いいです。

よく わかりました。

1 (   )안에 적당한 말을 아래 박스에서 골라 써 넣으시오.

1、門限は　1時です。1時　以降に　帰って（　　　　　　　　　　　　）。
　　もんげん　じ　　　　　　　　いこう　かえ

2、食堂は　自由に（　　　　　　　　　）。
　　しょくどう　じゆう

3、男性は　女性の、女性は　男性の　部屋に（　　　　　　　　　　）。
　　だんせい　じょせい　　　　　　　　　　へや

4、1時　以降、玄関の　ドアは（　　　　　　　　　　）。
　　　じ　いこう　げんかん

　　裏口から　入って　ください。
　　うらぐち　はい

使っても　いいです　　　　　　　　来ては　いけません
つか　　　　　　　　　　　　　　　き

行っては　いけません　　　　　　閉まって　います
い　　　　　　　　　　　　　　　しま

2 다음 대화를 듣고 빈칸에 알맞은 말을 써 넣으시오.　track-11

A：はるなさん、（　　　　）での　暮らしは　どうですか。
　　　　　　　　　　　　　　く

B：楽しいですよ。でも、いろいろ（　　　　）が　あります。
　　たの

　　たとえば、（　　　　）は　1時です。
　　　　　　　　　　　　　　じ

　　1時　以降、（　　　　）の　ドアは　閉まって　います。
　　　　いこう　　　　　　　　　　　　しま

　　女性は　男性の（　　　　）に　行っては　いけません。
　　じょせい　だんせい　　　　　　い

A：へぇ、たくさんの（　　　　）が　ありますね。

*3* 다음 문장을 일본어로 옮겨 써 봅시다.

① 현관 문은 닫혀 있습니다. →


② 사우나에 수건을 가지고 가도 됩니다. →


③ 1시 이후에 귀가해서는 안 됩니다. →


*4* 다음 대화문을 자연스러운 회화문이 되도록 완성해 봅시다.

① A：他に どんな 規則が ありますか。
　　　ほか　　　　　　　き そく
  B：（　　　　　　　　　　　　　　　　）。


② A：日本の 温泉は、いろいろ 決まりが あるんですね。
　　　に ほん　おんせん　　　　　　き
  B：（　　　　　　　　　　　　　　　　）。


③ A：門限は ありますか。
　　　もんげん
  B：門限は 1時です。（　　　　　　　　　　　　　）。
　　　　　　　　じ

**1** 다음 대화를 듣고 내용과 일치하는 그림에 번호를 써 넣으시오.  track-12

①

②

③

④

2 A와 B, 두 개의 방을 보면서 어떤 점이 달라졌는지에 대해 설명해봅시다.

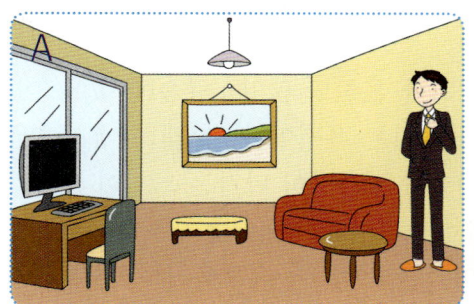 

Aは 窓が 閉まって いますが、Bは 窓が 開いて います。
まど し あ

Aには 絵が かかって いますが、Bには 絵が かかって いません。
え

3 이름을 밝히지 않은 상태에서 특정 학생의 겉모습에 대해 설명하고 누구인지 맞춰봅시다.

その 人は めがねを かけて います。
ひと

白い Tシャツと ジーンズを 着て います。
しろ き

運動ぐつを はいて います。
うんどう

黒い 帽子を かぶって います。
くろ ぼうし

小さい ピンクの バックを かけて います。
ちい

かわいい ピアスを して います。

# 文化コーナー
## 문화 코너

### 온천

   일본의 온천은 전세계적으로 유명하고 신기한 온천도 많다. 큐슈에 있는 '이부스키 온천'은 모래에 몸을 묻혀 심신을 따뜻하게 하는 온천이다. 모래 속에 가만히 있으면 몸이 점점 따뜻해지고 땀이 나는데, 몸에서 노폐물이 나가는 느낌이 좋다.

   또 하나 인상적인 온천은 바로 나가노에 있는 '지고쿠다니 온천'이다. 이 온천은 신기하게도 원숭이 전용 노천탕이 존재하며, 원숭이들이 온천을 즐기는 모습을 사람들이 볼 수 있다. 원숭이들이 온천을 하는 모습은 마치 사람과도 똑같았다.

   일본에 비해 한국에는 온천 문화가 별로 존재 하지 않지만, 가정에서 샤워나 목욕을 하거나 '찜질방'을 이용하는 사람들이 많았다. 찜질방은 일본의 온천과는 다른 매력이 있었다. 연인, 가족, 친구들끼리 남녀노소 가리지 않고 많은 연령층의 사람들이 이용하기도 하여 즐거운 분위기를 느낄 수 있고, 이용요금 또한 저렴하기 때문에 경제적인 면에서도 만족스러웠다. 보통 목욕이 끝난 후 맛 보게 되는 식혜와 구운 계란은 한국에서만 맛 볼 수 있는 별미이기도 하며, 찜질방을 이용하는 것 만으로도 함께 사용할 수 있는 사우나, 헬스장, 식당, 안마의자 등 많은 편의시설들은 찜질방을 찾는 손님들의 편의성을 고려함과 동시에 찜질방을 이용하게 만드는 매력 포인트가 아닐까 한다.

   내 친구는 한국에 올 때면 가끔씩, 호텔에서 머무르지 않고 찜질방에서 지내고 귀국할 때도 있다. 어느 한국 드라마에서 유행을 만든 '양머리'를 하고 있는 사람들을 실제로 봤을 때는 진짜 감동했었다. 지금은 나도 그 양머리를 스스로 만들 수 있을 정도로 능숙해졌는데 한국 문화가 몸에 배었나 보다.

## 温泉（おんせん）

　日本（にほん）の温泉（おんせん）は有名（ゆうめい）だ。少（すこ）し変（か）わった温泉（おんせん）もあるから、行（い）ってみた。
九州（きゅうしゅう）にある指宿温泉（いぶすき）は、砂（すな）に埋（う）めてもらって温（あたた）まる温泉（おんせん）だ。じっと砂（すな）の
中（なか）にいると、だんだんと体（からだ）が温（あたた）まって汗（あせ）がでる。体（からだ）の中（なか）から老廃物（ろうはいぶつ）が出（で）
ていく感（かん）じだ。
　もう一（ひと）つ印象的（いんしょうてき）な温泉（おんせん）は地獄谷温泉（じごくだに）だ。日本（にほん）ではサルも人間（にんげん）のように
温泉（おんせん）を楽（たの）しんでいる。入（はい）っている姿（すがた）は、サルも人間（にんげん）も同（おな）じだった。


　韓国（かんこく）ではシャワーしかない部屋（へや）(家（いえ))が多（おお）い。
だから、時々（ときどき）、チムチルバンへ行（い）っていた。恋人同士（こいびとどうし）で行（い）っても楽（たの）しく
過（す）ごせるし、あまり高（たか）くないのでいい。垢（あか）すりをしてもらって、シッケ
を飲（の）んで、サウナに入（はい）って、食事（しょくじ）もして、ジムもあるので運動（うんどう）もできる
…。あぁ、極楽（ごくらく）♪
　友達（ともだち）は、ホテルをとらずに、チムチルバンで過（す）ごして帰（かえ）ることもあ
る。ドラマで見（み）たヤンモリ(羊頭（ようとう))をやっている人（ひと）をみたときには、本当（ほんとう）
に感激（かんげき）した。そんなヤンモリも今（いま）は自分（じぶん）ですぐに作（つく）れるくらいになっ
た！！韓国（かんこく）の文化（ぶんか）が身（み）についてきたのかな。

**01  02  03  04  05  06  07  08  09  10**

학습 목표

동작의 순서를 구분하여
말할 수 있다

# Chapter 04

研修を してから、

けんしゅう

担当を 決めます。

たんとう

| | |
|---|---|
| ☐ 新しく <sub>あたら</sub> 새롭게 | ☐ 取り替える <sub>と か</sub> 바꾸다, 교환하다 |
| ☐ バイト 아르바이트 | ☐ 在庫 <sub>ざいこ</sub> 재고 |
| ☐ シフト 시프트, 아르바이트 시간표 | ☐ 確認 <sub>かくにん</sub> 확인 |
| ☐ 研修 <sub>けんしゅう</sub> 연수 | ☐ 後で <sub>あと</sub> 나중에 |
| ☐ 給料 <sub>きゅうりょう</sub> 급료 | ☐ 交換 <sub>こうかん</sub> 교환 |
| ☐ 以降 <sub>いこう</sub> 이후 | ☐ 食事 <sub>しょくじ</sub> 식사 |
| ☐ 受け取る <sub>う と</sub> 받다 | ☐ 注文 <sub>ちゅうもん</sub> 주문 |
| ☐ 担当 <sub>たんとう</sub> 담당 | ☐ メニュー 메뉴 |
| ☐ 態度 <sub>たいど</sub> 태도 | ☐ コーヒー 커피 |
| ☐ 服 <sub>ふく</sub> 옷 | ☐ アイス 아이스 |
| ☐ 買う <sub>か</sub> 사다, 구입하다 | ☐ 借りる <sub>か</sub> 빌리다 |

❶ どうやって  어떻게 (해서)

❷ いらっしゃいませ  어서 오세요

❹ 少々 お待ちください
しょうしょう ま
잠시만 기다려 주세요

❸ もう一度 いちど  다시 한번

❺ では、こちらへどうぞ

그럼, 이쪽으로 오세요

## ① ～て、～ます ~(하)고, ~(합)니다

＊「～て」의 부분은 뒤에 나올 동작을 하기 위한 이유를 나타낸다.

担当は 研修での 態度を 見て、決めます。
담당은 연수에서의 태도를 보고, 정하겠습니다.

説明を よく 読んで、使います。
설명을 잘 읽고, 사용합니다.

もう 少し 考えて、買います。
조금 더 생각해보고, 사겠습니다.

## ② ～てから ～ます ~하고 나서 ~(합)니다

＊동작의 순서를 의식하며 말하는 표현. 특히 시간적으로 근접한 동작이 계속 이어져 발생하는 의미가 포함된다.

研修を してから、担当を 決めます。
연수를 하고 나서, 담당을 정하겠습니다.

在庫を 確認してから、取り替えます。
재고를 확인하고 나서, 교체하겠습니다.

もう一度 着て みてから、交換します。
한 번 더 입어보고 나서, 교환하겠습니다.

③ ～る 前(まえ)に ～ます  ~하기 전에 ~(합)니다

交換(こうかん)する前(まえ)に、もう一度(いちど)着(き)てみます。
교환하기 전에, 다시 한 번 입어보겠습니다.

④ ～ことが できます  ~할 수 있다

* 동사의 기본형에 「～ことができる」를 사용하여, 어떤 행위의 가능함을 서술하는 표현
이다. 특정 상황이나 조건, 허가나 규칙에도 사용된다.

5日(いつか) 以降(いこう)に 給料(きゅうりょう)を 受(う)け取(と)る ことが できます。
5일 이후에 급여를 받게 됩니다.

研修(けんしゅう)での 態度(たいど)を 見(み)て、決(き)める ことが できます。
연수에서의 태도를 보고, 정할 수 있게 됩니다.

この服(ふく)、取(と)り替(か)える ことが できますか。
이 옷, 교환할 수 있나요?

⑤ 〜て みます ~해 보겠습니다

 * 동사 「て형」에 「みる」가 보조동사로 오면, 어떤 동작을 시험적으로 행하여 본다는
   의미가 된다.

交換<sup>こうかん</sup>する 前<sup>まえ</sup>に、もう一度<sup>いちど</sup> 着<sup>き</sup>て みます。
교환하기 전에, 한 번 더 입어보겠습니다.

取<sup>と</sup>り替<sup>か</sup>える 前<sup>まえ</sup>に、在庫<sup>ざいこ</sup>を 確認<sup>かくにん</sup>して みます。
교환하기 전에 재고를 확인하여 보겠습니다.

track-13

현우가 아르바이트 첫 날 점장과 이야기를 나누는 장면

今日から 新しく 入った ヒョヌです。
よろしく おねがいします。

こちらこそ。じゃあ、説明しますね。

はい。

バイトは、シフトを 決める 前に、研修を
します。
それから、5日以降に 給料を 受け取ることが
できます。

はい、わかりました。

それと、研修を してから、担当を 決めますね。

担当は どうやって 決めますか。

研修での 態度を 見て、決めます。

わかりました。よろしく お願いします。

옷 가게에서

 いらっしゃいませ。

 この服、買ったんですけど、ちょっと 小さいんです。

取り替える ことは できますか。

 在庫を 確認した 後で、取り替えますね。

少々 お待ちください。

 あ、そうですか。

じゃあ、交換する 前に、もう一度 着てみます。

 そうですか。では、こちらへ どうぞ。

1 (    )안에 적당한 말을 아래 박스에서 골라 써 넣으시오.

A： バイトは、シフトを（　　　　　）、研修を します。

それから、5日 以降に 給料を（　　　　　　　　　　）。

B： 担当は どうやって 決めますか。

A： 研修での 態度を（　　　　）、決めます。

> 見て　／　見る ことが できます　／　決める 前に
>
> 決める ことが できます
>
> 受け取って から　／　受け取る ことが できます

2 다음 대화를 듣고 빈칸에 알맞은 말을 써 넣으시오.　🎧 track-15

① A： バイトは、シフトを 決める（　　　　）、研修を します。

それと、研修を（　　　　）、担当を 決めますね。

B： そうですか 。（　　　　　　　　）。

② A： この（　　　）、買ったんですけど、ちょっと 小さいんです。

B： 在庫を 確認して から 取り替えます。

（　　　　　　　　　　）。

58

*3* 다음 문장을 일본어로 옮겨 써 봅시다.

① 연수에서의 태도를 보고 결정합니다. →


② 연수를 한 후에 담당을 결정합니다. →


③ 교환하기 전에 한 번 더 입어보겠습니다. →


④ 5일 이후에 급료를 받을 수 있습니다. →


*4* 다음 대화문을 자연스러운 회화문이 되도록 완성해 봅시다.

① A : この服、買ったんですけど、ちょっと 小さいんです。

　　　取り替える ことは できますか。

　　B : （　　　　　　　　　　　　　　　　　　　　　）。少々 お待ちください。


② A : 給料日は いつですか。

　　B : 給料は （　　　　　　　　　　　　　　　）。


③ A : 担当は どうやって 決めますか。

　　B : 研修での （　　　　　　　　　　　　　　　）。

*1* 다음 대화를 듣고 내용과 일치하는 그림에 번호를 써 넣으시오.  track-16

①

②

③

④

2 각자 자신의 하루 일과를 적은 후, 「〜て、〜てから、〜前に」를 사용하여 질문하고 대답해봅시다.

예문

6:30 起きます。顔を 洗います。
7:00 朝ごはんを 食べます。
     服を 着ます。歯を 磨きます。
8:00 家を 出ます。
9:00 大学に 着きます。
     授業を 受けます。
12:00 友達と 昼食を とります。
13:00 図書館で 勉強を します。
17:00 家に 帰ります。
18:00 食事を します。
19:00 レポートを 書きます。
      (혹은 宿題を します)
21:00 シャワーを 浴びます。
      (혹은 お風呂に 入ります。)
22:00 テレビを 見ます。
      (혹은 音楽を 聴きます。
      ゲームを やります。)
24:00 寝ます。

① 朝、起きて 何を しますか。
② 寝る 前に 何を しますか。
③ 授業が 終わってから 何を
   しますか。
④ 家に 帰ってから 何を
   しますか。
⑤ 大学では 友だちと 会って
   何をしますか。

3 일러스트와 아래의 문장을 연결하여 「~することが できる (혹은, ~することが できない)」
  의 표현을 활용해 봅시다.

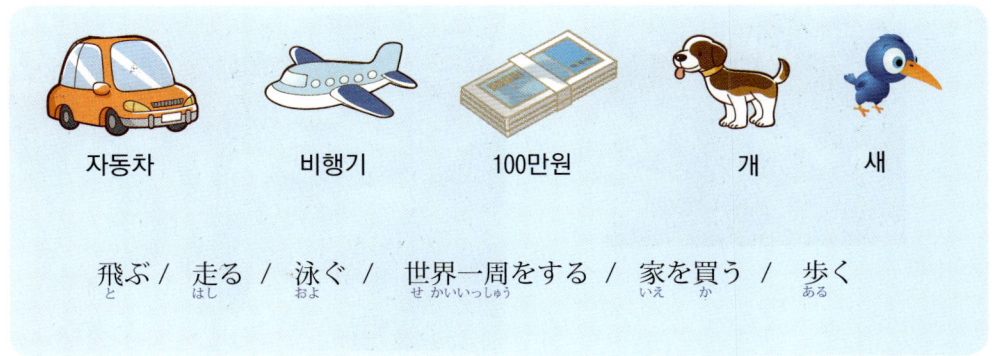

자동차　　　비행기　　　100만원　　　개　　　새

飛ぶ / 走る / 泳ぐ / 世界一周をする / 家を買う / 歩く

# 文化コーナー
## 문화 코너

### 쇼핑

한국의 생활이 익숙해지는 만큼 일본과의 문화적 차이로 놀랐던 적이 많이 있다. 일본에서는 쇼핑을 할 때, 한국과는 달리 점원들이 손님의 뒤를 따라다니면서 말을 걸지 않고, 필요하면 자신을 불러달라는 말을 남기고 자신의 일을 하기 때문에 부담감 없이 자유로운 쇼핑을 즐길 수 있다. 제품에 대해서 궁금한 것이 있어 점원을 부르면 바로 내 옆으로 와서 친절하게 설명을 해준다. 하지만 점원에게 말을 걸 수 있을 때까지 용기가 필요한데, 이것이 익숙해지면 자유롭게 가게 안을 볼 수 있어서 편하다.

일본에는 '카리스마 텐인'이라고 불려지는 점원들이 있는데, 이는 가게에서 실력 있는 사람들을 칭하는 말이다. 카리스마 텐인의 추천으로 코디네이터 된 옷을 구매한적이 있었는데 매우 만족스러웠다. 역시 카리스마!

또 쇼핑하러 가고 싶다.

한국에서 쇼핑을 할 때에는 너무나도 힘이 든다. 일본의 점원과는 달리 나의 뒤를 바짝 따라다니며 설명을 해주는 한국의 점원은 일본인인 나로서는 상당히 부담스럽고, 낯설게만 느껴졌다. 제품에 대해서 궁금한 것이 있을 때에는 즉시 물어볼 수 있어서 편리했지만, 자유롭게 쇼핑을 할 수 없는 묘한 긴장감을 느낄 수 있었다. 오랜 한국 생활로 조금이나마 익숙해졌지만, 점원이 계속해서 날 보고 있는 것 같은 시선이 들 때면 긴장을 감출 수 없다.

買い物
（か もの）

　日本に行って、買い物をしていてびっくりした。
店員さんがついてこない！！「ご用がありましたら、声をかけてくださ
い」とだけ言って、自由にお店の中をみせてくれる。声をかけるとすぐ
に来てくれる。声をかけるまでに、すごく勇気がいるけど、なれると自
由にお店の中をみることができるので楽だ。
カリスマ店員っていう人のコーディネートで買った服は、すごくかっこ
いい。さすがカリスマ！！
また買い物に行きたいな。


　韓国に来てなかなか慣れなかったことがある。
ショッピングに行くと、店員さんがついてくる。何か聞いたりするとき
には便利だけど、自由に見る癖がついているので、ついてこられると、
なんだか緊張した。
今は少し慣れたけど、ずっと見られていると、やっぱりどうしても気に
なっちゃう。いつか慣れるのかなぁ。

**01 02 03 04 05 06 07 08 09 10**

학습 목표
특정 동작에 대한 금지, 혹은 허가를 나타내는
표현을 말할 수 있다

# Chapter 05

はっぴょう
## 発表しなくては
## なりません。

□ 今日 오늘
　きょう

□ ゼミ 세미나

□ 進めかた 진행 방법
　すす

□ 一人ひとり 한 사람 한 사람
　ひとり

□ 発表 발표
　はっぴょう

□ 新入生 신입생
　しんにゅうせい

□ 先輩たち 선배들
　せんぱい

□ 発表の とき 발표 때
　はっぴょう

□ 質問 질문
　しつもん

□ 発表中 발표중
　はっぴょうちゅう

□ 別に 특별히, 별로
　べつ

□ 時間 시간
　じかん

□ 歓迎コンパ 환영회
　かんげい

□ 楽しく 즐겁게
　たの

□ 飲む 마시다
　の

□ 飲みすぎる 과음하다
　の

□ 飲みすぎ 과음
　の

□ 会費 회비
　かいひ

□ いくら 얼마

□ 女子 여자
　じょし

□ 男子 남자
　だんし

□ 払う 지불하다
　はら

□ かならず 분명히, 반드시

□ 一年生 1학년
　いちねんせい

□ 花 꽃
　はな

□ 本物 진짜, 실물
　ほんもの

□ 触る (가볍게) 만지다, 손을 대다,
　さわ

❶ かまいません 상관없습니다

❸ ごちそうさまです 잘 먹겠습니다

① ～ないで ください　~(하)지 말아 주세요

* 동사의 부정형 「～ないで」의 다음에 「ください」를 붙이면, 완곡한 의뢰나,
  지시 등을 나타내는 표현이 된다.

<ruby>発表中<rt>はっぴょうちゅう</rt></ruby>は <ruby>質問<rt>しつもん</rt></ruby>しないで ください。
발표 중에 질문하지 말아주세요.

あまり <ruby>飲<rt>の</rt></ruby>みすぎないで ください。
지나치게 마시지 말아주세요.

<ruby>公園<rt>こうえん</rt></ruby>に ごみを <ruby>捨<rt>す</rt></ruby>てないで ください。
공원에 쓰레기를 버리지 말아주세요.

② ～なければ なりません　~(하)지 않으면 안됩니다, ~해야 합니다

* 어떤 행위에 대한 의무나 필요성을 나타내는 표현.

ゼミでは <ruby>一人<rt>ひとり</rt></ruby>ひとり <ruby>発表<rt>はっぴょう</rt></ruby>しなければ なりません。
연구모임에서는 한 사람 한 사람 발표하지 않으면 안 됩니다.

<ruby>会費<rt>かいひ</rt></ruby>は <ruby>今日<rt>きょう</rt></ruby>、<ruby>払<rt>はら</rt></ruby>わなければ なりませんか。
회비는 오늘, 지불하지 않으면 안 되나요.

<ruby>説明<rt>せつめい</rt></ruby>は よく <ruby>聞<rt>き</rt></ruby>かなければ なりません。
설명은 잘 들어야만 합니다.

③ ～なくても いいです  ~(하)지 않아도 됩니다

＊ 어떤 행위가 필요하지 않음을 나타내는 표현.

新入生は 発表しなくても いいです。
신입생은 발표하지 않아도 됩니다.

質問は 別に しなくても いいです。
질문은 따로 하지 않아도 됩니다.

新入生は 会費を 払わなくても いいです。
신입생은 회비를 내지 않아도 됩니다.

④ ～かた  ~(하는) 방법

ゼミの 進めかたを 説明します。
연구모임의 진행방향을 설명하겠습니다.

この 機械の 使いかたを 知って いますか。
이 기계의 작동방법을 알고 있습니까.

図書館までの 行きかたを 教えて ください。
도서관까지 가는 방법을 알려주세요.

⑤ ～すぎる  너무 ~하다

＊「～すぎる」는 동사「ます형」이나 형용사의「어간」이나 명사 등에 접속하여,
그것들의 정도가 지나침을 나타내는 접미어.

コンパでは、飲みすぎないで ください。
친목회에서는, 지나치게 마시지는 말아주세요.

会費は ちょっと 高すぎますね。
회비가 좀 너무 비싸네요.


⑥ ごちそうさまです（ご馳走さまです）  잘 먹겠습니다

＊「馳走」란, 그 준비를 위하여 분주히 애를 쓰는 마음에서부터 음식을 장만하는 등의
손님을 위하여 대접하는 것을 일컫는다. 또는 대접을 위한 요리.

＊「ご馳走」는「馳走」를, 그것을 만드는 사람이나, 상대를 존경한다는「馳走」의
정중한 표현. 마음을 담아 정성껏 대접한다는 의미. 특히, 식사 등을 대접하는 일이나,
그 환대를 가리킴. 또한 값비싼 요리나, 호화로운 식사를 말함.

＊ 인사말로써의「ご馳走さま」

  1. 음식을 대접받았을 때 예의를 표하는 인사말.

  2. 남녀 사이의 좋은 모양, 자랑 등을 목격하거나 했을 때, 비꼬아 빈정대거나
     놀릴때 하는 의례적인 표현.


＊ 연달아 성대한 대접을 받다.
  연신 맛있는 음식을 내어 손님을 대접하는 것.「ご馳走攻めにあう」

은수가 신입생들에게 세미나에 대해 설명하는 장면

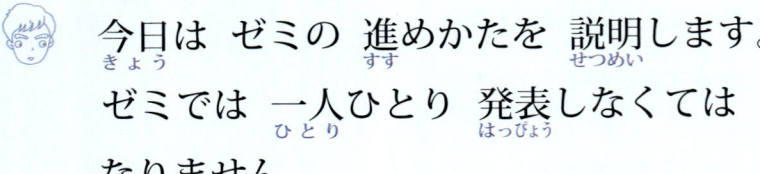 今日は ゼミの 進めかたを 説明します。
きょう　　　　　　すす　　　　　　せつめい

ゼミでは 一人ひとり 発表しなくては
　　　　　ひとり　　　　はっぴょう

なりません。

新入生もですか？
しんにゅうせい

新入生は すぐに 発表しなくても

いいです。先輩たちの 発表から やりますから。
　　　　　　せんぱい

発表の ときに、質問をしても いいですか。
　　　　　　　　　しつもん

発表中は しないで ください。
はっぴょうちゅう

質問は した 方が いいですか。
　　　　　　ほう

別に しなくても かまいません。
べつ

発表が 終わってから、質問の 時間が あります。
　　　　お　　　　　　　　　　　じ かん

そこで、質問を して ください。

교실에서

 今日は　新入生歓迎コンパですから、

楽しく　飲みましょう。

 会費は　いくらですか。

 女子は　１５００円、男子は　２５００円です。

 今日、払わなければ　なりませんか。

 はい。でも、新入生は　払わなくても　いいです。

先輩たちが　払いますから。

 あ、そうなんですか。

ありがとうございます。ごちそうさまです。

*1* (    )안에 적당한 말을 아래 박스에서 골라 써 넣으시오.

① A：発表の ときに、質問を (                    )。
はっぴょう        しつもん

B：発表中は (              )。
はっぴょうちゅう

発表が 終わってから、質問の 時間が あります。
お        しつもん    じ かん

② A： 会費は (              )。
かい ひ

B：はい。でも、新入生は 払わなくても いいです。
しんにゅうせい    はら

先輩たちが 払いますから。
せんぱい

> 払わなくても いいですか    払わなければ なりませんか
>
> 払わないで ください    払って ください
>
> しても いいですか    しなくても いいです
>
> しないで ください    しなければ なりません

*2* 다음 대화를 듣고 빈칸에 알맞은 말을 써 넣으시오.    🎧 track-19

① A：今日は ゼミの (          ) を 説明します。
きょう                        せつめい

ゼミでは (        ) 発表しなければ なりません。
はっぴょう

B：質問は した (          ) が いいですか。
しつもん

A：(        ) は しないで ください。

② A：会費は (              )。
かい ひ

B：新入生は 払わなくても いいです。(          ) が 払いますから。
しんにゅうせい    はら

A：ありがとうございます。(              )。

*3* 다음 문장을 일본어로 옮겨 써 봅시다.

① 세미나에서는 한 사람 한 사람 발표하지 않으면 안 됩니다.  →

② 친목회에서 과음하지 마세요. →

③ 신입생은 회비를 내지 않아도 됩니다. →

*4* 다음 대화문을 자연스러운 회화문이 되도록 완성해 봅시다.

① A : 質問を した 方が いいですか。
　　　しつもん　　　ほう

　 B : （　　　　　　　　　　　　　　　　）。

② A : （　　　　　　　　　　　　　　　　）。

　 B : 新入生は 会費を 払わなくても いいです。
　　　しんにゅうせい　かいひ　はら

③ A : 新入生歓迎コンパですから 楽しく 飲みましょう。
　　　しんにゅうせいかんげい　　　　たの　　　の

　 B : でも （　　　　　　　　　　　　　）。

1 다음 대화를 듣고 내용과 일치하는 그림에 번호를 써 넣으시오.  track-20

①

②

③

④

2 공공장소에서 자주 사용되는 금지(혹은 허용) 표현에 대해 말해봅시다.

도서관에서

A: 図書館で ケイタイを 使っても いいですか。

B: できるだけ、使わないで ください。

それから、図書館では マナーモードに しなければ

なりません。

A: ノート型パソコンも だめですか？

B: それは いいですよ。かまいません。

A: 本を 借りる時、会費を 払わなければ なりませんか。

B: いいえ、会費は 要りません。払わなくても いいです。

그 외의 금지표현

機内では ケイタイを 使っては いけません。

お寺に 土足で 入っては いけません。

動物に お菓子などを 与えないで ください。

芝生に 入らないで ください。

3 아래의 일러스트와 문장을 이용하여 「～してはいけません、～ないでください、～なくて
もいいです」 의 문장을 만들어 봅시다.

試験中

美術館

カンニングする

遅刻する

ボールペンで 書く

大きな 声で 話す

スーツを 着る

タバコを 吸う

コーヒーを 飲む

展示品に 触る

ケイタイを 使う

友達と 話す

# 文化コーナー
## 문화 코너

**계산**

일본에서 와리깡 (더치페이)을 주로 한다는 것은 이미 알고 있었지만, 「게이샤 하라이」라는 것은 처음이었다. 상사로부터 부하에 이르기까지 점점 지불하는 액수가 적어진다. 아르바이트를 하던 회사에서 회식을 갔을 때, 이 게이샤 하라이로 회비를 지불하였다.

부장이 7,000엔, 과장이 5,000엔, 대리가 4,000엔, 선배가 3,000엔 내가 1,500엔이었다. 받는 급여의 액수가 다르기 때문이었겠지만... 일본의 식비는 비싸지만, 이 게이샤 하라이는 급료가 적은 나에게 있어서는 감사할 따름이다. 분명 상사의 경우에는 부담이 되겠지만 말이다.

한국에서는 와리깡 (더치페이)이 없다 라는 말을 들은 적이 있지만, 최근에는 와리깡 (더치페이)을 하는 경우도 있는 듯 하다.

정확한 와리깡 (더치페이)이 아닌, 상대방이 밥을 사면 식후의 음료수는 내가 라는 식의 계산이다. 그 뿐 아니라, 자신이 먹은 것은 자신이 지불하는 스타일도 늘고 있는 추세인 것 같다.

한국의 식비도 비싸지고 있고, 커피도 비싸기 때문에 이와 같은 스타일의 와리깡 (더치페이)도 재미있으면서도 좋다는 생각이 들었다.

# 支払い

　日本でワリカンをするのは知っていたけど、「傾斜払い」って初めてだった。上司から、部下へ向かってだんだん払う額が下がっていく。バイトしていた会社で飲み会に行くと、この傾斜払いで飲み代を払った。

　部長が７０００円、課長が５０００円、代理が４０００円、先輩が３０００円、僕が１５００円だ。もらう給料の額が違うかららしいけど…。日本の食べ物は高いけど、この傾斜払いは、給料の安い僕にはありがたい。きっと上司は大変なんだろうな。

　韓国ではワリカンはない、って聞いてたけど最近はワリカンをするらしい。
きっちりしたワリカンじゃなくて、ご飯を払ってもらったから、食後の飲み物は私、っていう感じで払う。それだけじゃなくて、自分で食べたものは自分で払う、っていうスタイルも増えてきているらしい。
　韓国の食事も高くなってきているし、コーヒーも高いから、こういうスタイルのワリカンも楽しくていいな、と思う。

**01  02  03  04  05  06  07  08  09  10**

학습 목표
과거 경험을 말하거나, 상대에게 조언하는
문장을 말할 수 있다

# Chapter 06

## ナミソムに
## 行った ことが あります。

□ デート 데이트

□ 誘う 권유하다, 꾀다
　さそ

□ 雰囲気 분위기
　ふん い き

□ いい（よい） 좋다

□ 場所 장소
　ば しょ

□ 車 자동차
　くるま

□ バス 버스

□ 楽 편안함, 쉬움.
　らく

□ 込む 붐비다
　こ

□ カップル 커플

□ 乗る 타다, 승차하다
　の

□ 写真 사진
　しゃしん

□ 撮る 사진을 찍다
　と

□ 午後 오후
　ご ご

□ 出席を とる 출석 체크를 하다
　しゅっせき

□ 抜け出す 몰래 빠져나가다
　ぬ だ

□ サボる 태만하다, 게으름을 피우다

　*サボタージュ를 동사화한 말.

□ 次 다음
　つぎ

□ それに 게다가

□ 課題 과제
　か だい

□ やはり・やっぱり 역시

□ 海外 해외
　かいがい

□ 高校生の 時 고등학생 때
　こうこうせい　とき

□ 週末 주말
　しゅうまつ

□ 映画 영화
　えい が

❶ そうですね 글쎄요

　*잠시 생각이 필요한 경우에 사용.

❷ どうして(ですか)？

어째서(그런가요)?

❸ 大変でした 힘들었어요
　たいへん

① ～た ことが あります／ありません ~한 적이 있습니다 / 없습니다

    ＊ 과거의 경험이나 경력 등을 나타내는 표현.

    ナミソムは 行った ことが ありますか。
    남이섬은 가 본 적 있습니까?

    授業を サボった ことが ありますか。
    수업을 빠진 적(땡땡이 쳐 본 적) 있습니까?

    日本に 行った ことが ありますか。
    일본에 가 본 적 있습니까?

② ～た ほうが いい ~하는 게 좋다

    ＊ 상대방에게 조언이나 제안을 하는 표현.

    ＊ 동사는 시제에 관계없이, 「た형」을 씀.

    ＊ 「Vた、Nの、Aい、NAな」와 접속함.

    バスで 行った ほうが いいですよ。
    버스로 가는 게 좋을 거예요.

    サークルは 入った ほうが いいですよ。
    서클은 가입하는 편이 좋아요.

    説明は よく 聞いた ほうが いいですよ。
    설명은 잘 들어두는 편이 좋습니다.

③ 〜ない ほうが いい ~하지 않는 게 좋다

* 상대방에게 조언이나 제안을 하는 표현인 「〜た ほうが いい」의 부정형.

* 「Vない、Nじゃない、Aくない、NAじゃない」와 접속함.

車で 行かない ほうが いいですよ。
자동차로 가지 않는 편이 좋아요.

授業は サボらない ほうが いいですよ。
수업은 빠지지 않는 편이 좋습니다.

発表中は 質問を しない ほうが いいですよ。
발표 중에는 질문을 하지 않는 게 좋아요.

④ 〜た あとで 〜ます ~한 뒤(후)에 ~합니다

* 두개의 동작이나 상태 상에서, 어느 쪽이 나중인지를 나타내는 표현.

午後の 授業は 出席を 取った あとで、抜け出します。
오후 수업은 출석한 후에, 몰래 빠져나갈 거예요.

バイトは、研修を した あとで、シフトを 決めます。
아르바이트는, 연수한 후에, 시프트를 정합니다.

在庫を 確認した あとで、取り替えます。
재고를 확인한 후에, 교환합니다.

⑤ 〜たり 〜たり(する)　~(하)기도 하고 ~(하)기도 한다

* 동사나 형용사의 「た형」과 접속하여, 동작이나 상태의 병렬을 나타내는 표현.

* 동사의 경우는, 복수의 동작 중 몇 개의 동작을 병렬하고자 할 때에 씀.

ナミソムでは、自転車に 乗ったり、写真を 撮ったりします。
남이섬에서는, 자전거를 타거나, 사진을 찍거나 합니다.

課題が 出たり、次の 授業の 連絡が あったりします。
과제가 있거나, 다음 수업의 연락이 있거나 합니다.

ゼミでは、一人ひとり 発表したり、質問したりします。
연구모임에서는, 한 명씩 발표하거나, 질문하거나 합니다.


⑥ 〜たり 〜たりです　~(할)때도 있고 ~(할)때도 있습니다

* い형용사, な형용사, 명사, 동사의 반의어를 쌍으로, 혹은 긍정 · 부정을 쌍으로 열거하여,
  상반하는 상태를 계속 반복하는 일, 즉 상태가 일정하지 않은 것을 나타낸다.

試験は やさしかったり、難しかったりです。
시험은 쉽기하고도, 어렵기도 합니다.

最近の 天気は、晴れだったり、雨だったりです。
최근 날씨는, 맑을 때도 있고, 비가 오기도 합니다.

朝ごはんは 食べたり、食べなかったりです。
아침밥은 먹을 때도, 먹지 않을 때도 있어요.

track-21

수업을 마치고 현우와 은수가 이야기 하는 장면

はるなちゃんを デートに 誘おうと 思うんですが、
どこが いいですか。

ナミソムは 行った ことが ありますか。

雰囲気が いい場所です。

でも、車で 行かない 方が いいです。

バスで 行った ほうが いいですよ。

どうしてですか。デートなのに。

車の 方が、楽でしょう。

車だと 込みますから。

ナミソムでは、カップルが 自転車に 乗ったり、

写真を 撮ったり しますよ。

うわぁ。楽しそうですね。

track-22

복도에서

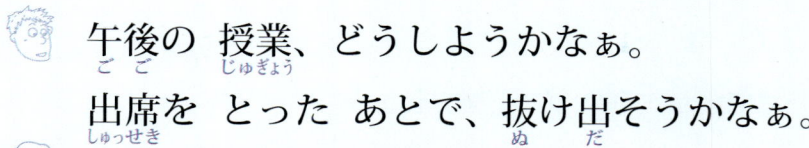 午後の 授業、どうしようかなぁ。

出席を とった あとで、抜け出そうかなぁ。

 サボらない ほうが いいですよ。

どうして？

サボった ことが ありますが、次の 授業が

大変でした。

それに 課題が 出たり、次の 授業の 連絡が

あったりしますから。

そうですか。

やはり 授業は サボらない 方が いいですね。

*1* (      )안에 적당한 말을 아래 박스에서 골라 써 넣으시오.

① A：車で　（　　　　　　　　　　　　　）。

　　B：どうしてですか。車の　方が　楽でしょう。

② A：（　　　　　　　　　　　　）、次が　大変でした。

　　B：どうしてですか。

　　A：課題が（　　　　　　）、連絡が（　　　　　　）しました。

> 行った　方が　いいです　　　　行かない　方が　いいです
> サボらない　方が　いいです　　サボった　ことが　ありますが
> 出たり　　　　　　　　　　　　出た　ことが　ありますが
> あったり

*2* 다음 대화를 듣고 빈칸에 알맞은 말을 써 넣으시오.　track-23

① A：はるなちゃんを（　　　　）に　誘おうと　思うんですが、

　　　（　　　　　　　　　　）。

　　B：そうですね。ナミソムは　行った　ことが　ありますか。

　　　（　　　　　　）が　いい　場所です。

　　　ナミソムでは、カップルが（　　　　　　）に　乗ったり、

　　　（　　　　　　）を　撮ったりします。

② A：（　　　　　　）の授業、どうしようかなぁ。

　　　（　　　　　　）を　とった　あとで、抜け出そうかなぁ。

　　B：サボらない　ほうが　いいですよ。

　　　サボった　ことが　ありますが、（　　　　）授業が（　　　　　　）。

86

*3* 다음 문장을 일본어로 옮겨 써 봅시다.

① 남이섬에 간 적이 있습니까? →


② 자동차로 가지 않는 편이 좋습니다. 버스로 가는 편이 좋습니다 →


③ 자전거를 타거나 사진을 찍거나 합니다. →


*4* 다음 대화문을 자연스러운 회화문이 되도록 완성해 봅시다.

① A：発表中、質問しても いいですか。
　　　　はっぴょうちゅう　しつもん
　 B：（　　　　　　　　　　　　　　　　　）。


② A：出席を とった あとで、抜け出そうかなぁ 。
　　　　しゅっせき　　　　　　　　　ぬ　だ
　 B：（　　　　　　　　　　　　　　）、次の 授業が 大変でした。
　　　　　　　　　　　　　　　　つぎ　じゅぎょう　たいへん


③ A：ゼミでは 何を しますか。
　　　　　　　なに
　 B：（　　　　　　　　　　　　　　　　　）。

*1* 다음 대화를 듣고 내용과 일치하는 그림에 번호를 써 넣으시오.  track-24

①

②

③

④

*2* 여행지 혹은 데이트 장소에서의 경험에 대해 이야기해 봅시다.

> **예문**
>
> A： 海外旅行に 行った ことが ありますか。
> B： はい、日本に 行った ことが あります。
> A： そこで 何を しましたか。
> B： お寺に 行ったり、おいしい ものを 食べたり、買い物を
>     したり しました。
> A： そうですか。
>     旅行に 行く 前に 何か 準備した ほうが いいですか。
> B： そうですね。
>     パスポートを チェックしたり、ガイドブックを 見ながら
>     調べた ほうが いいですね。

*3* 아래의 장소에서 경험할 수 일에는 어떤 것들이 있을까요? 「～たり、～たりしました」의 문장
을 활용하여 이야기해 봅시다.

① 유원지          ② 한강          ③ 쇼핑몰

# 文化コーナー
## 문화 코너

## 이성과의 식사

내가 일본에서 생활했을 때, 어떤 여성과 식사를 했던 적이 있었다. 그 여성이 매우 마음에 들었기 때문에 식사를 대접하려고 했지만, 그 여성 왈 "왜, 내 몫까지 내요?" 남성과의 식사자리에서 자신의 몫까지 대접을 바라는 여성도 있는 반면, 자신의 몫은 자기가 내겠다는 여성도 있었다. 정식으로 연인 사이가 되어도 자기의 몫은 자기가 낸다고 하는 여성이 많아지고 있는데, 요새는 한국에서도 이런 여성이 늘어나고 있는 추세인 것 같다. 하지만 데이트를 할 때에는 남성이 데이트 비용을 더 많이 내는 것이 아닌가 하는 생각이 든다. 일본 여자는 더치페이를 많이 하는데 남성에게 언제 대접을 바라는지 궁금하다.

한국에서 친하던 남성과 식사를 하러 갔었는데, 내 몫까지 대접을 해준다고 했다. 예전부터 마음이 있었기 때문에 사귀고 싶었지만 여성인 내가 섣불리 고백하는 것도 우스웠고, 아직 남자친구도 아닌 사람이 대접을 해주겠다는 것이 부담스러웠다. 연인 사이가 되어도 내 몫은 내가 내고 싶은데... 한국에서는 남성이 여성에게 대접을 해주는 것이 일반적인 일인가? 그냥 잘 먹겠다고 하는 게 옳은 건가... 어떻게 해야 할 지 모르겠다.

## 異性と食事
（いせい しょくじ）

　日本で女の子と食事して驚いた。僕が食事代を払おうとしたのに、
「何で私の分まで払うの？」と言われた。ご馳走になる女の子もいるみ
たいだけど、自分の分は自分で払う、と決めている女の子も多いらし
い。正式につきあい始めてからも、そうする子が結構いるみたいだ。最
近では韓国でもそういう女の子が増えてきているみたいだけど、デート
の時には男性が払うケースが多いんじゃないかなぁ。日本の女の子はど
んな時に甘えるんだろう…。

　韓国で男の子と食事に行ったら、食事代を払ってくれようとした。つ
きあおうと思ってるけど、まだ彼氏じゃない人にごちそうになるのは、
気がひける。彼氏・彼女の間柄になっても自分の分は自分で払う方が気
が楽なんだけどな。韓国では、普通なのかな。ご馳走になった方が、女
の子らしいのか、まだよくわからない。

**01   02   03   04   05   06   07   08   09   10**

학습 목표

타인 및 정보를 통해 얻은 이야기를
전달하는 표현을 말할 수 있다

# Chapter 07

けんかしたらしいですよ。

## 単語 단어 체크

- □ けんか 다툼, 싸움
- □ あんな 그런
- □ 仲 사이, 관계 （なか）
- □ 仲が いい 사이가 좋다 （なか）
- □ すごい 굉장하다, 굉장한
- □ すごく 몹시, 매우
- □ 口げんか 말다툼 （くち）
- □ 仲直り 화해 （なかなお）
- □ 今回 이번 （こんかい）
- □ かなり 상당히, 꽤
- □ 派手 화려한(대단한) 모양새 （は　で）
- □ 気が 強い 기가 세다, 성격이 강하다 （き　　つよ）

- □ 負ける 지다, 패배하다 （ま）
- □ もう 이미, 벌써
- □ 早い 빠르다, 빠른 （はや）
- □ 折れる 접히다, 꺾어지다, 부러지다 （お）
- □ やさしい 상냥하다
- □ 怖い 무섭다 （こわ）
- □ 雨 비 （あめ）
- □ 降る 내리다 （ふ）
- □ 傘 우산 （かさ）
- □ 二人 두 사람 （ふたり）
- □ 難しい 어렵다 （むずか）

## 表現 표현 체크

❶ ~とは いいますけど ~라고는 하지만

❷ どうですかね 글쎄요

❹ いやです… 싫어요…

94

① ～た （또는 동사의 기본형） そうだ （伝聞）   ~라고 한다 (전문)

＊ 다른 사람이나 특정 매체를 통해 들은 정보를 전달할 때에 쓰는 표현.

＊ 정보원을 명확하게 하기 위해 「~に よると(~에 의하면)」을 사용하는 경우도 있다.

あの 二人、すごい 口げんかを した そうです。
저 두 사람, 심한 말다툼을 했다네요.

今回の けんかは、かなり 派手だった そうです。
이번 다툼은, 굉장히 심했대요.

△△くんが 折れた そうです。
△△군이 굽혔다고 하네요.

② ～た （또는 동사의 기본형） らしい   ~인(한) 것 같다,  ~라고 한다

＊ 화자가 객관적 사실 등을 토대로 추측하거나, 다른 사람으로부터 들은 정보를 전달
할 때 사용하는 표현.

○○さんと △△さん、けんかしたらしいです。
○○씨와△△씨, 다툰 것 같아요.

○○さん、すごく 気が 強いらしいです。
○○씨, 굉장히 기가 센 것 같아요.

○○さんと △△さん、仲直りしたらしいです。
○○씨와△△씨, 화해한 것 같아요.

③ 〜のに （접속조사）　~인데(도), ~임에도 불구하고

＊ 예상과 다른 결과가 초래했을 때에 쓰이는 역접표현.

え、あんなに 仲が よかったのに、けんかしたんですか。
엇, 그렇게 사이가 좋았는데, 다툰 거예요?

あんなに がんばったのに、Bでした。
그렇게 열심히 했는데, B였어요.

説明を 聞いたのに、間違えて しまいました。
설명을 들었는데, 틀려버렸어요.

④ すごい　대단하다, 굉장하다

＊ 놀라울 만큼 정도가 대단함을 나타내는 표현.

＊ 동사에 접속되는 연용형(連用形)을 부사적으로 사용하여, 정도의 심함을 나타낸다.

＊ 「すごい評判だ(대단한 평판이다)」, 「すごいあばら家(다 쓰러져가는 집)」 등
　긍정적, 부정적인 평가 모두에 사용된다.

あの 二人、すごい 口げんかしたそうです。
저 두 사람, 심한 말다툼을 한 모양이에요.

彼女、すごく 気が つよいらしいです。
저 여자, 굉장히 기가 센 모양이에요.

試験、難しかったのに、すごいですね。
시험, 어려웠는데, 대단하네요.

⑤ 気が～

* 「～」부분에 상태를 나타내는 형용사나 동사를 접속시켜 특정인물의 감정을 나타내는 관용표현.

気が 強い : 성질이 강해서 쉽게 굴하지 않는 성격. 지기 싫어하는 성격.

気が 弱い : 자신감을 갖지 못하고, 타인의 눈치를 보거나,

　　　　　　 생각한 대로 행동하지 못하거나 함.

気が 小さい : 소심하다. 작은 것에도 신경을 씀. 아량이 작고, 소심함.

気が 重い : 마음이 무겁다. 어떤 일을 함에 있어 마음이 움직이지 않음.

気が ない : 마음이 없다. 관심이 없다. 마음이 내키지 않는다.

気が 早い : 성질이 급하다.

気が 付く : 깨닫다. 생각이 나다. 세세한 부분까지 신경쓰이게 되다.

気に 入る : 마음에 들다. 취향이 맞다.

気に する : 마음을 쓰다. 걱정하다.

気を 付ける : 조심하다. 주의하다.

気が 合う : 마음이 맞다. 사고방식이나 느낌이 통하다.

気が ある : 마음이 있다. 의지·의욕이 있다. 흥미나 관심이 있다.


⑥ 負ける / 折れる 지다 / 꺾이다. 접히다

* 언쟁 · 논의 등에서 항복하여 상대방의 의견을 따르는 것.

* 상대방에 대한 자신의 주장을 누그러뜨려 상대방의 이의를 들어주는 것. 양보하다.


○○さん 気が 強いから、△△くん 負けますね。
○○씨 기가 세니까, △△군 지겠군요.

結局、△△くんが 折れたそうです。
결국, △△군이 졌다네요.

「負けるが 勝ち」ですね。
「지는 게 이기는 거다」군요.

미희와 은수가 대화하는 장면

 純一くんと ウンピさん、けんかしたらしいですよ。
じゅんいち

 え？ あんなに 仲が よかったのに？
なか

 仲が いいほど けんかする、とは いいますけど。

すごい 口げんかを したそうですよ。
くち

 でも、すぐに 仲直りする でしょう。
なかなお

 どうですかね。

今回の けんかは かなり 派手だったらしい
こんかい　　　　　　　　　　はで

（そう）ですから。

 ウンピさん、すごく 気が 強いらしいですから、
き　　つよ

純一くん、負けますね。
じゅんいち　ま

복도에서

 ウンピさんと 純一くん、仲直りしたらしいですよ。
　　　　　　　じゅんいち　　　なかなお

 え？？！ もう？ 早いですね。
　　　　　　　　　　　はや

 純一くんが 折れた そうです。
じゅんいち　　　お

 やさしいですね、純一くん。
　　　　　　　　　じゅんいち

 …ウンピさんが 怖いからでしょう。(笑)
　　　　　　　　　こわ

*1* (    )안에 적당한 말을 아래 박스에서 골라 써 넣으시오.

　① A：○○さんと△△さん、（　　　　　　　　　　）。

　　 B：ほんとうですか？ あんなに　仲が　よかったのに？
　　　　　　　　　　　　　　　　　　　なか

　② A：○○さんと　△△さん、けんかしたんですか。

　　 B：そうですね。今回は　かなり（　　　　　　　　　　）。
　　　　　　　　こんかい

けんかしそうです　　　　けんかしたらしいです
派手だったそうです　　　折れたそうです
は　で　　　　　　　　　お
やさしいらしいです

*2* 다음 대화를 듣고 빈칸에 알맞은 말을 써 넣으시오.　track-27

　A：○○さんと　△△さん、けんかしたらしいですよ。

　B：あんなに（　　　　）が　よかったのに？

　A：（　　　　　）けんかする、とはいいますけどね…。

　B：でも、すぐに（　　　　　）するでしょう。

　A：どうですかね。（　　　　　）のけんかは　かなり（　　　　）だった

　　 そうですから。

*3* 다음 문장을 일본어로 옮겨 써 봅시다.

① 김씨와 이씨, 그렇게 사이가 좋았는데... →

② 이번 싸움은 꽤나 심각했다고 합니다. →

③ 김씨와 이씨, 화해한 것 같아요. →

*4* 다음 대화문을 자연스러운 회화문이 되도록 완성해 봅시다.

① A : (                              )。

　 B : でも、金さん やさしいから すぐ 負けますね。
　　　　　キム　　　　　　　　　　　　　　ま

② A : 今回の 試験で Aを もらいました。
　　　　こんかい　　しけん

　 B : (                              )。

③ A : (                              )。

　 B : 彼女 やさしいから……。
　　　　かのじょ

## チャレンジ 연습 문제

1 다음 대화를 듣고 내용과 일치하는 그림에 번호를 써 넣으시오. track-28

①

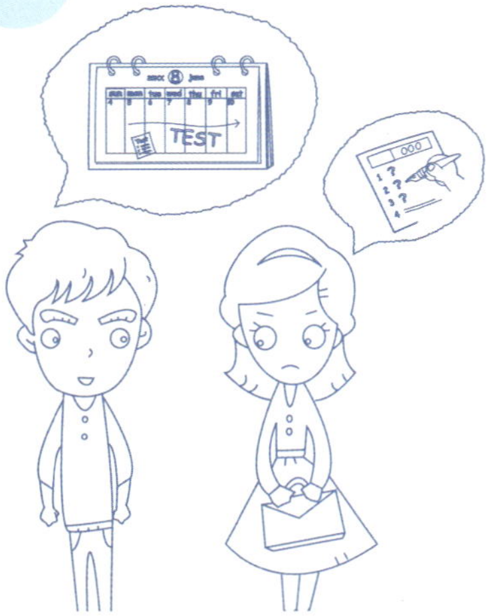


②

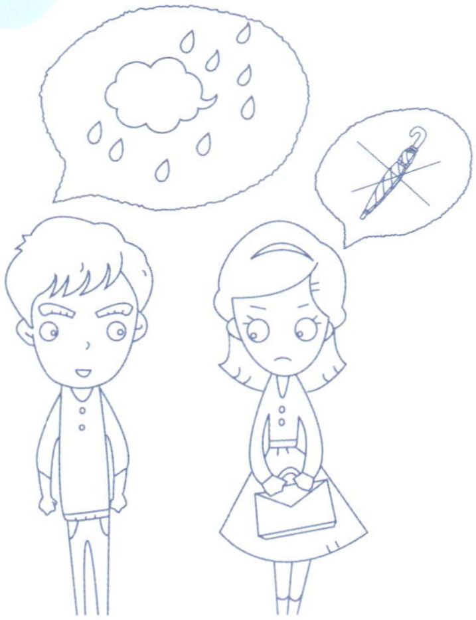

③

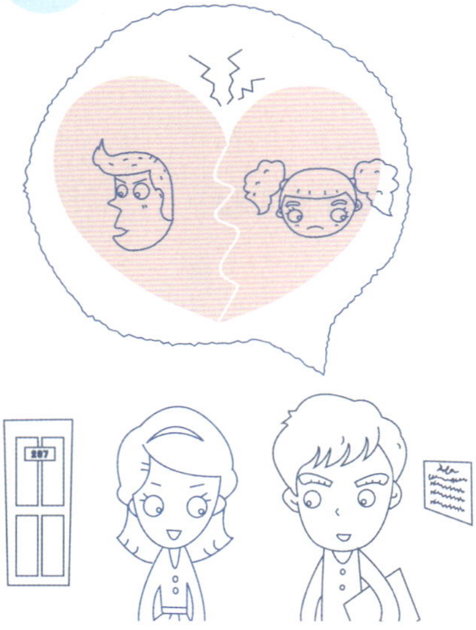


④

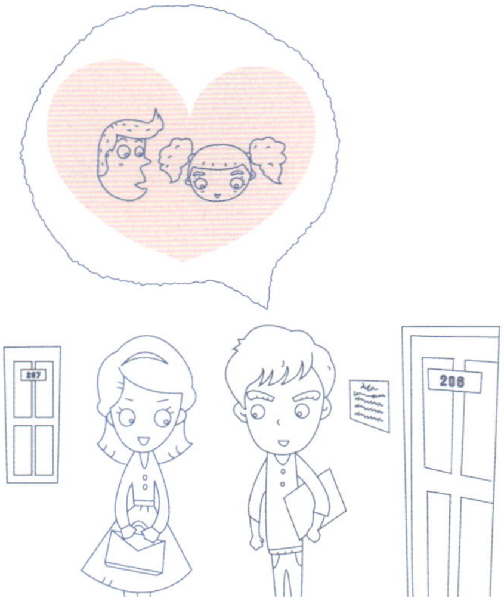

2 일기예보와 관련된 신문기사를 만들고, 그 기사를 바탕으로 「－そうだ」・「－らしい」를 활용한 이야기를 나누어 봅시다.

**예문**

### 7月 3日の天気
しちがつみっか てんき

今日の天気：晴れ、午後から雨。
きょう てんき は ご ご あめ

気温：最低24度、最高32度
き おん さいてい ど さいこう

降水確率：30％
こうすいかくりつ

*例年より 梅雨が 長くなる。
れいねん つ ゆ なが

A： 今日は とても 暑いですね。
あつ

B： 午後からは 雨が 降るそうです。
ふ

A： そうですか。傘 持って いないのに。どうしよう。
かさ も

B： 今年の 夏は 例年より 梅雨が 長く なるそうです。
ことし なつ

A： そうらしいですね。本当に いやです。
ほんとう

3 말 전하기 게임 (伝言ゲーム)
でんごん

① 각 조의 대표에게만 별도의 「그림(또는 사진)」을 보여줍니다.

② 대표는 자신의 조로 돌아가서, 자신이 본 그림의 내용을 한 명의 조원에게 일본어로 설명합니다.

③ 설명을 들은 조원은 다른 조원에게 그 내용을 전하고, 맨 마지막 조원이 앞으로 나와 모두에게 자신이 들은 내용을 「～そうです」를 활용하여 전달합니다.

# 文化コーナー
## 문화 코너

### 싸움

　얼마 전, 우리 호스트 페미리 집에서 친구와 심하게 싸운 적이 있었다. 우리의 싸움 소리가 컸는지 어머니께 싸우는 광경을 들키고 말았다. 어머니는 다짜고짜 우리의 머리를 쥐어 박으시고 싸움을 말리셨다. 나는 너무 억울했기 때문에 어머니께 사정을 설명했다. "친구가 잘못했어요! 왜냐하면 내가 무척이나 좋아하는 푸딩을 먹어버렸으니까요!" 조그만 푸딩 하나로 싸우게 되었는데, "나는 잘 못이 없어!" 어머니한테 한대 더 맞았다. 하지만 일본에는 '켄카 료우세이바이' 라는 말이 있는데, 이는 쌍방과실이라 뜻으로 잘못이 없는 나까지 혼이 났다. "싸울 때는 양쪽 모두 잘못이 있다는데……이상하잖아! 이 싸움의 원인을 만든 것은 친구인데…"
'켄카 료세이바이' 라는 말은 일본말임에도 불구하고 내가 납득하지 못하는 말 중의 하나다.

　우리집 강아지 '토토'가 시끄러운 싸움소리에 궁금했는지 옆으로 다가와서 코를 킁킁거렸는데 "저리비켜!" 라고 말하며 걷어찼다. 못본 척 그냥 갔으면 좋았잖아... 이런 상황을 '고래 싸움에 새우등 터진다' 라고 하는 건가...?

## けんか

　友達とおそろしく激しい喧嘩をしてしまった。大人に見つかって怒られそうになったので、事情を説明した。明らかに友達の方が悪かった。僕の大好きなプリンをたべちゃったんだから。それが原因で喧嘩になったんだ。僕は悪くない。なのに、「喧嘩両成敗」といって、僕も一緒に怒られた。喧嘩するのは二人とも悪いんだって。おかしいじゃないか！原因を作ったのは、友達なのに。「喧嘩両成敗」という言葉、納得できないものの一つだ。

　韓国の家で飼っていた子犬のトトが、喧嘩している声に驚いたのか、鼻をクンクン鳴らしながら近づいた。そしたら、「あっちいってろ！！」って蹴飛ばされてた。知らないふりしてたらよかったのに…。こういうのを '고래 싸움에 새우등 터진다' っていうのかな…。

**01  02  03  04  05  06  07  08  09  10**

학습 목표
추측을 나타내는 표현을 말할 수 있다

# Chapter 08

A⁺ とれそうです。

## 単語 단어 체크

- □ とれる 취할 수 있다
- □ 全部 전부, 모두
  ぜん ぶ
- □ 合う 맞다
  あ
- □ 気が する 느낌이 들다
  き
- □ 全然 전혀
  ぜんぜん
- □ 自信 자신
  じ しん
- □ 考え 생각
  かんが
- □ 今年 올해
  こ と し
- □ 夏休み 여름방학
  なつやす

- □ 予約 예약
  よ やく
- □ 悪い 나쁘다, 나쁜
  わる
- □ 予感 예감
  よ かん
- □ やめる 그만두다, 포기하다
- □ とりあえず 우선, 일단
- □ まだ 아직
- □ 席 자리
  せき
- □ 確かめる 확인하다
  たし
- □ 急いで 서둘러서
  いそ

## 表現 표현 체크

❶ まさか! 설마!

❷ やめて くださいよ 그만두세요

❹ 悪い 予感が します
   わる   よ かん
   나쁜 예감이 들어요

108

**①** 동사의 ます형+そうだ ~인(한) 것 같다 / ~인(한) 듯하다

  ＊외관이나 인상 등에 기인하여 정보를 얻어 추측하는 표현.

   ※ 주의:「よい/いい(좋다)」는「よさそうだ」、「ない(없다)」는「なさそうだ」
    로 바뀐다.

   今回は、A⁺ とれそうです。
   이번에는, A＋받을 거 같아요.

   夏休みは バスが 込みそうです。
   여름방학에는 버스가 붐빌 거 같아요.

   金さん、最近 元気が なさそうですね。
   김씨, 최근에 기운이 없는 것 같아요.

**②** 동사의 기본형 （또는 〜た) +ようだ ~인(한) 것 같다 / ~인(한) 듯하다

  ＊어떤 상황에 대하여, 화자의 주관적인 판단을 기본으로 한 추측의 표현.

  ＊회화체에서는「ようだ」대신, 일반적으로「みたいだ」가 자주 사용된다.

  ＊추측 이외에, 어떤 상황에 대해 단정 짓지 않는 완곡한 표현으로 사용되기도 한다.

   今回の 試験、がんばってたようです。
   이번 시험, 열심히 했다는 거 같아요.

   もう、バスの チケットが とれないような 予感が します。
   이제, 버스 티켓은 구할 수 없을 거 같은 예감이 들어요.

   ○○さんと △△さん、けんかしたようです。
   ○○씨랑 △△씨, 싸운 거 같아요.

③ その 他<sup>ほか</sup>の 「〜ようだ」の 用法<sup>ようほう</sup> 기타「〜ようだ」의 용법

　　* 예시의 의미를 나타낸다.

　　　赤<sup>あか</sup>ちゃんの 手<sup>て</sup>は もみじのように かわいいですね。
　　　아기 손은 단풍잎 같이 귀엽네요.

　　　金<sup>キム</sup>さんの ような 努力家<sup>どりょくか</sup>は いませんね。
　　　김씨 같은 노력가는 없을거예요.

　　* 「ように」의 형태로, 어떤 동작 · 작용의 목적 · 목표의 의미를 나타냄.

　　* 「ように」의 앞에 동사가 긍정형일 경우, 가능형이나 무의지동사가 온다.

　　　私<sup>わたし</sup>も A<sup>＋</sup>、取<sup>と</sup>る ことが できるように がんばります。
　　　저도 A＋, 받을 수 있도록 열심히 할게요.

　　　明日<sup>あした</sup>、雨<sup>あめ</sup>が 降<sup>ふ</sup>らないように てるてる坊主<sup>ぼうず</sup>を 作<sup>つく</sup>ります。
　　　내일, 비가 오지 않도록 테루테루보우즈를 만듭니다.

　　* 「ように」의 형태로, 완곡한 명령 · 희망의 의미를 나타냄.

　　　コンパでは 飲<sup>の</sup>みすぎないように して ください。
　　　환영회에서는 지나치게 마시지 않도록 하세요.

　　　授業<sup>じゅぎょう</sup>は サボらないように して ください。
　　　수업은 빠지지 않도록 하세요.

④ 全然<sup>ぜんぜん</sup> 〜ません 전혀 ~하지 않습니다

　　* 뒤에 부정적인 표현이 동반된다.

　　　説明<sup>せつめい</sup>は 聞<sup>き</sup>きましたが、使<sup>つか</sup>い方<sup>かた</sup>が 全然<sup>ぜんぜん</sup> わかりません。
　　　설명은 들었습니다만, 사용방법을 전혀 모르겠어요.

　　　あそこは 雰囲気<sup>ふんいき</sup>が、全然 よく ありません。
　　　거긴 분위기가, 정말 좋지 않아요.

　　* 「全然〜がない (전혀 〜가 없다)」의 형태로 완전부정 표현으로도 사용된다.

　　　今回<sup>こんかい</sup>の 試験<sup>しけん</sup>は、全然 自信<sup>じしん</sup>が ありません。
　　　이번 시험은, 전혀 자신이 없어요.

　　　試験、難<sup>むずか</sup>しかったのに、すごいですね。
　　　시험, 어려웠는데, 대단하네요.

⑤ まさか（副詞） 설마 (부사)

＊ 뒤에 부정하는 말이나 반어표현을 동반하여, 부정의 추측을 강화한다.

まさか、Cでは ないでしょう。
설마, C는 아니겠죠.

まさか、男湯と 女湯を 間違えたりしないでしょう。
설마, 남탕과 여탕을 헷갈리지는 않겠죠.

⑥ 気(予感)が する 기분(예감)이 들어요

＊ 어떤 상태 · 현상이 일어날 것에 대해 자연스럽게 예상하는 것을 표현한다.

今回の 試験、全部 合ってるような 気が します。
이번 시험, 전부 맞았을 거 같은 기분이 들어요.

今年の 夏休みは バスが 込みそうな 気が します。
올해 여름방학은 버스가 붐빌 거 같은 기분이 들어요.

もう バスの チケットが ないような 予感が します。
이제 버스 티켓은 없을 거 같은 예감이 들어요.

(참고) 「〜が する」 에는 다음과 같은 표현 등이 있다.

「音が する 소리가 난다」, 「においが する 냄새가 난다」,

「寒けが する 한기가 든다」, 「動悸が する 가슴이 두근거린다」

미희와 하루나가 시험 성적에 대하여 이야기 하는 장면

今回は 私、A⁺ とれそうです。
こんかい　わたし

本当に？ 試験、難しかったのに すごいですね。
ほんとう　　　しけん　むずか

でも、全部 あってるような 気が するんです。
ぜんぶ　　　　　き

私は Cを とりそうです。T・T

まさか！！！！

本当ですよ。全然 自信が ありません。
ほんとう　　　ぜんぜん　じしん

でも、Cでは ないでしょう。

がんばってたようですから。

私の 考えでは、Bくらいは とれそうですよ。
かんが

track-30

소라와 진영이 여름방학에 대하여 이야기 하는 장면

 今年の 夏休みは バスが 込みみそうですよ。
ことし なつやす こ

 じゃあ、早く バスを 予約しなければ
はや よやく

いけませんね。

 悪い 予感が します……。
わる よかん

もう、バスの チケットが 取れないような……。
と

 やめて くださいよ……。

 とりあえず、まだ 席が あるか 確かめて
せき たし

みましょう。

 はい。急いで 確認して みます。
いそ かくにん

 そうですね。そう しましょう。

1 (　　)안에 적당한 말을 아래 박스에서 골라 써 넣으시오.

① A：今回は　私、A⁺（　　　　　　　　）。
　　こんかい　　わたし

　　B：本当に？　試験、難しかったのに　すごいですね。
　　　ほんとう　　しけん　むずか

② A：今年の　夏休みは　バスが（　　　　　　　　）。
　　　ことし　なつやす

　　B：じゃあ、早く　バスを　予約しなければ　いけませんね。
　　　　　　はや　　　　　よやく

　　A：どう　しよう。バスの　チケットが（　　　　　　　　）。

> 取れそうです　　　　　　　　取るそうです
> と　　　　　　　　　　　　　と
> 取れないそうです　　　　　取れないようです
> と　　　　　　　　　　　　と
> 込みそうです　　　　　　　込むそうです
> こ　　　　　　　　　　　　こ

2 다음 대화를 듣고 빈칸에 알맞은 말을 써 넣으시오.　track-31

① A：私、今回の（　　　　）で　Cを　とりそうです。
　　　わたし　こんかい

　　B：（　　　　　　）！

　　A：（　　　　　）ですよ。　全然（　　　　　）が　ありません。
　　　　　　　　　　　　　　　ぜんぜん

② A：バスが（　　　　　）ようですね。

　　　（　　　　　　　）、まだ（　　　）が　あるか　確かめて　みましょう。
　　　　　　　　　　　　　　　　　　　　　　　たし

　　B：はい。（　　　　　）確認して　みます。
　　　　　　　　　　　かくにん

114

*3* 다음 문장을 일본어로 옮겨 써 봅시다.

① 나는 이번 시험에서 A⁺를 받을 수 있을 것 같아요. →


② 아직 자리가 있는지 확인해 봅시다. →


③ 서둘러 확인해 보겠습니다. →


*4* 다음 대화문을 자연스러운 회화문이 되도록 완성해 봅시다.

① A : 今回の 試験 どうでしたか。

  B : (                    )。


② A : バスの チケットは 取りましたか。

  B : 夏休みは バスが 込んで、(                )。


③ A : まだ 席が あるか どうか 確かめた 方が いいですね。

  B : (                    )。

1 다음 대화를 듣고 내용과 일치하는 그림에 번호를 써 넣으시오.  track-32

①

②

③

④

2 각 조별로 티켓 예약 등을 주제로 한 상황극을 만들어 봅시다.

예문

A : 今度の 週末に 映画でも 見ましょうか。

B : でも、今週は 連休ですから、チケットが 取れないような……。

C : とりあえず、確認してみないと。

A : 土日は 席が ないようですが、金曜日は チケットが

取れそうです。

B : あ、よかった。映画の 後は、どこか 食べに 行きましょう。

C : 近くに 新しい イタリアンレストランが できたそうです。

けっこう おいしそうでしたよ。

B : いいですね。楽しい 連休に なりそうです。

# 文化コーナー
## 문화 코너

## 출근길

  나의 집은 서울에 있다. 매일 아침 지하철로 통학을 하는 나는, '서울의 아침 출근길 지하철은 사람이 많구나...'라고 생각했었는데, 승차률이 200%를 넘는 도쿄의 지옥철을 타본 뒤로 생각이 바뀌었다. 이게 바로 말로만 듣던 러쉬아워(RushHour)인가라는 생각이 스치는 순간 역무원이 이미 포화가 되어 있는 지하철 안에 승객들을 밀어 넣는 것이 아닌가. 승객이 너무 많기 때문에 문이 안 닫히는 경우도 빈번했고, 열차 시간이 지연되기도 하는데 이는 출근하는 사람들을 지각으로 인도하지 않을 수가 없었다. 가끔은 무지막지한 사람들의 압력으로 인해 골절이나 타박상을 입는 사람들도 있다고 한다. 하지만 몇 번 이용하게 되면 나름대로의 기술이 생기기 마련이다. 서울에서도 출근길 러쉬(Rush)로 힘이 들었지만, 도쿄의 아침 출근길 러쉬(Rush)를 경험하게 되면서부터 서울의 출근길은 여유로워졌다.

  도쿄에서는 지하철이나 JR이라는 고속전철이 편리하고(편리하지 않을 때도 있지만) 빠르다. 서울에서는 내가 원하는 목적지에 여러 루트를 통해 지나가는 버스 노선이 많기 때문에 시내 버스노선을 외워놓는다면, 원하는 목적지에 바로 가는 것은 아니지만 아침 출근길 최단시간, 최단거리로 목적지의 근처까지 갈 수 있는 스킬을 연마할 수 있다. 지하철도 빠르고 편리해서 좋지만, 최근에는 서울에 버스전용도로가 생겼기 때문에 버스로 출근하는 승객들도 많이 늘어난 것 같다.
  도쿄에도 버스 전용차선이 생긴다면 아침 출근길이 더 빠르고 편해지지 않을까…?

ラッシュ

　ソウルで通学しているときも、朝は電車が込んで大変だと思ったけ
ど、東京の通勤ラッシュはそんなの問題にならないくらいだ。乗車率
２００％って、経験しないと想像できない状態だ。ホームには、はみ出
した乗客を押してくれる駅員さんもいる。人が多すぎて、閉まったドア
が開かないこともある。たまには、押されて骨折する人もいるんだっ
て。一度乗ってみたけど、技術が必要だと思った。ソウルもラッシュで
大変だけど、一度東京のラッシュを経験したら、ソウルのラッシュを余
裕で乗り切れるような気になった。

　ソウルや首都圏はバスが便利だ。東京では地下鉄やJRが便利だけど、
ソウルではバスの路線がたくさんあるので慣れると、目的地のすぐ近く
までバスで行ける。もちろん地下鉄もあるので、バスと地下鉄の両方で
移動するようになれると、すごく便利だと思う。東京にもバス専用路線
があったら、もっと便利になるのになぁ。

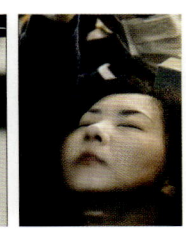

**01  02  03  04  05  06  07  08  09  10**

학습 목표
다양한 가정형 표현을 상황에 맞게
구분하여 말할 수 있다

# Chapter 09

## 両方 やったら どうでしょう。

□ 学祭 학교 축제
がくさい

□ ~ごと ~마다

□ (お)店 가게
みせ

□ 出す 내다, 꺼내다
だ

□ パフォーマンス 퍼포먼스, 공연

□ 文化 문화
ぶんか

□ ~に ついて ~에 대해

□ お金 돈
かね

□ もうかる 벌다

□ 両方 양쪽
りょうほう

□ 自分 본인
じ ぶん

□ 順番 순서
じゅんばん

□ 交代 교대
こうたい

□ 来る 오다
く

□ 時間になる 시간이 되다
じ かん

□ もし 혹시

□ 用事 볼 일, 용건
ようじ

□ 初めて 처음, 비로소
はじ

□ インターネット 인터넷

□ さがす 찾다

❶ それまでは 그 때까지는

❷ やったら どうでしょう

하면 어떨까요?

❸ そうしますか? 그렇게 할까요?

❸ 時間に なったら 시간이 되면
じ かん

❹ 何か あれば 무슨 일이 생기면
なに

❹ 楽しんで きて ください
たの

즐기다 오세요

① ～ば ~(하)면

  * 전형적인 가정조건의 하나로써, 어떠한 결과에 대한 전제조건을 나타낸다.

  もうかれば、日本語の 本を 買う ことが できます。
  돈을 벌면, 일본어 책을 살 수 있습니다.

  もし、何か あれば、ケイタイに 連絡して ください。
  만약, 무슨 일이 있다면, 핸드폰으로 연락 주세요.

  在庫が あれば、取り替える ことが できます。
  재고가 있으면, 교환 할 수 있어요.

② ～と ~(하)면, ~(하)자

  * 가정조건표현의 하나로써, 「～と」의 뒤에 당연 · 필연적인 결과를 나타내는 문장이 따른다. 자연현상이나 오래된 습관, 전자기구의 작동 등을 나타내는 경우도 있다.

  * 「～と」 다음 문장에 의지, 희망, 의뢰, 권유 등의 표현은 사용하지 않는다.

  お店を やると、お金が かかります。
  가게를 내면, 돈이 듭니다.

  ここを まっすぐ 行くと、第4講義棟が あります。
  여기를 쭉 가면, 제4강의동이 있습니다.

  午後の 授業を サボると、次の 授業が 大変です。
  오후 수업을 빠지게 되면, 다음 수업이 힘들어요.

③ 〜たら  ~(하)면, ~(하)다면

    \* 순수한 가정조건표현으로, 「〜たら」의 다음 문장에 의지, 희망, 의뢰, 권유 등의
표현이 연결가능하며, 비교적 제약이 적다.

    自分の 順番に なったら、交代します。
    자신의 순서가 되면, 교대합니다.

    時間に なったら、来て ください。
    시간이 되면, 와 주세요.

    1時 以降に 帰って 来たら、裏口から 入って ください。
    1시 이후에 돌아오면, 뒷문으로 들어와 주세요.

④ 〜かも しれない  ~일지도 모른다

    \* 어떤 일이나 상태 등이 일어날 가능성이 있는 것을 나타내는 표현.

    日本の 文化に ついて 何か やったら、いいかも しれません。
    일본의 문화에 대해서 무언가 한다면, 좋을지도 모르겠어요.

    お店を やった ほうが いいかも しれません。
    가게를 하는 게 좋을지도 몰라요.

    もう、バスの チケットが 取れないかも しれません。
    이미 버스 티켓은 구할 수 없을지도 몰라요.

⑤ ～し ~(하)고, ~(하)니

    ＊ 이유를 제시하는 표현. 「～し」를 한 번 쓰는 경우와, 「～し、～し」의 형식으로
       두 가지 이상의 다양한 이유를 제시하는 경우도 있다.

    ＊ 「～し」가 한 번만 사용된 경우는, 다른 이유의 존재가 암시되는 경우가 많음.

       お店を やると、お金が かかりますしね。
       가게를 하면, 돈이 들어가기도 해서요.

       今年の 夏は 暑いし、金も ないし、どこにも 行かない つもりです。
       올 해 여름은 덥고, 돈도 없고 해서, 어디에도 안 갈 생각이에요.

⑥ ～（する）ために ~(하)기 위해서

    ＊ 어떤 목표를 달성하고자 하는 의도를 표현한다.

    ＊ 동사는 「기본형＋ために」, 명사는 「명사＋のために」의 형식으로 사용한다.

       自分の 順番に なったら、交代する ために お店に 来ます。
       자신의 순서가 되면, 교대하기 위해 가게에 옵니다.

       A⁺を とるために がんばってたようです。
       A⁺를 받기 위해 열심히 했던 거 같아요.

       ゼミの 発表の ために レポートを 準備して います。
       연구모임 발표를 위해 리포트를 준비하고 있습니다.

track-33

김은수가 소라, 미희와 함께 학교 축제에 관하여 이야기 하는 장면

学祭では、サークルごとに お店を 出したり、
パフォーマンスを したり します。

そうなんですか。

日本語サークルは、日本の 文化に ついて 何か
やったら、いいかも しれませんね。

お店を やると、お金が かかりますしね。

でも、お店を やって もうかれば、日本語の 本を
買う ことが できますよ。

じゃあ、お店を やった 方が いいかも
しれませんね。

両方 やったら どうでしょう。

そうしますか？

みんなに 聞いて みてから、決めましょう。

교실에서

 今日は 学祭です。楽しい 学祭に しましょう。

 自分の 順番に なったら、交代する ために お店に 来ます。それまでは、他の お店などを みて いても いいですよね。

 はい。時間に なったら、きて くださいね。

 もし、何か あれば、ケイタイに 連絡して ください。

 わかりました。楽しんで きて ください。

1 (　　　)안에 적당한 말을 아래 박스에서 골라 써 넣으시오.

① A：お店を（　　　　　　　）、お金が かかりますしね。

　B：でも、お店を やって（　　　　　　　）、日本語の 本を 買う ことが

　　できますよ。

② A：時間に（　　　　　　　）、きて くださいね。

　B：もし、何か（　　　　　　　）、ケイタイに 連絡して ください。

| | | |
|---|---|---|
| やれば | やると | もうかると |
| もうかれば | なったら | なると |
| あると | あれば | |

2 다음 대화를 듣고 빈칸에 알맞은 말을 써 넣으시오.　track-35

① A：学祭では、（　　　　　　）ごとに お店を 出したり、

　　（　　　　　　　　　　）を したりします。

　B：そうですか。じゃあ、お店を 出したら（　　　　　　　　　）。

② A：（　　　　　　）は 学祭です。（　　　　　　）学祭に しましょう。

　B：自分の（　　　　　）に なったら、（　　　　　）する ために

　　お店に 来ます。

*3* 다음 문장을 일본어로 옮겨 써 봅시다.

① 자기 순서가 되면 가게로 와주세요. →


② 축제 때 가게를 하면 돈이 듭니다. →


③ 공연을 하면 어떨까요? →


*4* 다음 대화문을 자연스러운 회화문이 되도록 완성해 봅시다.

① A : お店と パフォーマンス、（　　　　　　　　　）。
　　 B : みんなに 聞いて みましょう。


② A : 第4講義棟は どこに ありますか。
　　 B : （　　　　　　　　　　　　　　　）。


③ A : （　　　　　　　　）日本語の 本を 買う ことも できます。
　　 B : そうですか。じゃあ、お店を やりましょう。

*1* 다음 대화를 듣고 내용과 일치하는 그림에 번호를 써 넣으시오.  track-36

① ②

③  ④

*2* 「~と」의 표현을 활용하여 대화를 나누어봅시다.

> A： 皆さんは ストレスが たまると どうなりますか。
>
> B： 私は 頭が 痛く なります。
>
> C： 私は 食欲が なくなりますね。
>
> A： そうですか。
>
> 私は ストレスが たまると 甘いものが 食べたく なります。
>
> B： 私も 同じです。
>
> 甘いものを 食べると なんか おちつきますね。
>
>
> ① 春(夏・秋・冬)になると~
>
> ② 連休になると~
>
> ③ 風邪をひくと~

*3* 다음의 질문에 답해봅시다.

> ① もし 明日 地球が こわれたら、何を しますか。
>
> ② 男女の 性別が 変わったら 何が したいですか。
>
> ③ 宝くじに 当たったら 何を するつもりですか。

# 文化コーナー
## 문화 코너

### 학교 축제

한국의 대학교 축제는 오전에 수업이 있어도, 많은 학생들이 축제 준비를 한답시고 분주하기 때문에 수업을 하는 내내 온갖 소음으로 인해 수업에 방해가 되고, 이날을 손꼽아 기다려왔던 학생들은 들떠있기 때문에 수업의 집중력이 낮아진다.
반면 일본의 대학교 축제는 모든 수업을 휴강으로 전환하고 집중적으로 축제에 임할 수 있도록 여건을 제공해 준다. 시끄러운 잡음과 소음을 들으며 수업을 듣기 보다는 학교측에서 학생들의 편의를 고려해 건물과 강의실 등 많은 시설들을 제공해주고 축제를 즐길 수 있도록 도와준다.

한국과 마찬가지로 식욕을 돋구는 노점상도 있고, 여장남자 콘테스트나 연예인들이 콘서트에 참가해 축제에 흥을 돋구어 주는 것은 똑같지만, 일본의 대학교 축제에는 술을 못 마신다는 규정이 존재한다. 이는 과거로부터 존재했던 선배들의 과도한 술 권유로 인해 사고사례가 많았던 이류로 국가에서 통제했기 때문에 더 이상 일본 대학축제에서 주점을 볼 수 없게 되었다. 신나게 즐기기 위해서는 음주의 문화도 필요한 것이 사실이지만, 축제로 인해 타 대학교 학생들과 알게 되어서 기뻤고, 이는 소위 말하는 2차로 이어져 일본의 상업적인 면에서나 경제적인 면에서도 큰 발전을 가져왔다고 해도 과언이 아니다.

하지만 한국의 대학교 축제는 축제의 열기를 받으면서 술을 마실 수 있다니 대단하고 부러울 따름이다. K-pop이 열풍인 일본에서 한국 연예인들을 눈앞에서 볼 수 있다는 점은 한국의 대학교 축제만의 메리트가 아닌가라는 생각이 든다. 친구들과 맥주 병을 들고 마시며 소리지르며 즐길 수 있는 연예인들의 콘서트는 너무 즐거웠고 멋진 추억으로 남아있다.

学祭
がくさい

　ソウルの大学の学祭は、ほとんど授業と並行して行われるのに、日本
の学祭は授業は休みになって、お祭りだけを一生懸命にやる。大きな
音を出しても、授業の邪魔にならないし、校舎の中や講義室まで学祭の
出し物に使えるので、これはこれで楽しい。屋台がでたり、ミスコンや
芸能人のコンサートがあるのは同じだ。でも、日本では学校での飲酒は
だめなところが多いらしくて、居酒屋はない。やきそばとか、たこやき
とかクレープとか。ちょっと物足りない気もするけど、学祭で他の大学
の子と仲良くなったりできたので、嬉しかった。

　韓国の大学のお祭りは、授業のある日にやる。お酒も飲んでいいなん
て、びっくりした。でも、有名な歌手が来たり、食べ物屋さんがでたり
するところは同じ。おいしくて、楽しい。夜になると、芸能人が来たり
して、コンサートをやったりもする。軽く飲んで、ほろ酔い気分で見る
コンサートはすごく楽しかった。いい思い出になった。

01  02  03  04  05  06  07  08  09  10

학습 목표

동사의 가능형 및 수동태 문장을
말할 수 있다

# Chapter 10

## いい 成績が とれますよ。
せいせき

□ 卒論 졸업논문
そつろん

□ 書ける 쓸 수 있다
か

□ 心配 걱정, 염려
しんぱい

□ 大丈夫 괜찮다
だいじょうぶ

□ 単位 단위
たんい

□ 落とす 떨어뜨리다, 놓치다
お

□ きっと 분명히, 반드시

□ 教授 교수(님)
きょうじゅ

□ 厳しい 엄격하다
きび

□ 低く 낮게
ひく

□ たぶん 아마도

□ 卒業旅行 졸업여행
そつぎょうりょこう

□ 勝手に 멋대로, 일방적으로
かって

□ 行き先 목적지
いさき

□ 意見 의견
いけん

□ 聞く 듣다
き

□ ヨーロッパ 유럽

□ 遠い 멀다
とお

□ 韓国 한국
かんこく

□ 料理 요리
りょうり

□ いきなり 갑자기, 느닷없이

□ 困る 곤란하다, 난처하다
こま

□ 答える 대답하다
こた

□ しかる 야단치다

❶ 心配だなぁ… 걱정이다…
しんぱい

❷ 大丈夫ですよ 괜찮을 거에요
だいじょうぶ

❸ 大丈夫ですって 괜찮을 거라니까요
だいじょうぶ

① 가능 표현

\* 가능 표현은, 4과의「동사의 기본형 + ことが できます(~하는 것이 가능합니다)」 이외에
「会える(만날 수 있다), 「食べられる(먹을 수 있다)」 등과 같은 가능동사의 형태도 있다.

(1) 1그룹 동사

\* 어미 「う」단을 「え」단으로 바꿔, 「る」를 붙인다.

いい 卒論が 書けるか どうか、心配です。
좋은 졸업논문이 써질지 어떨지, 걱정입니다.

きっと、いい 成績が 取れますよ。
꼭, 좋은 성적 받을 거예요.

もうかれば、日本語の 本が 買えますよ。
돈을 벌면, 일본어 책을 살 수 있어요.

(2) 2그룹 동사

\* 어미의「る」를 떼고, 동사의 어간에 「られる」를 붙인다.

まだ、時間が ありますから、他の 場所に 変えられます。
아직, 시간이 있으니까, 다른 장소로 바꿀 수 있어요.

学祭では いろいろな お店が 見られます。
학교축제에서는 여러 가지 가게를 볼 수 있어요.

勝手に 行き先を 決められません。
마음대로 행선지(진로)를 정할 수 없어요.

(3) 3그룹 동사

\* 불규칙 활용

する→できる(하다→할 수 있다) / 来る→来られる(오다→올 수 있다)

門限までに、帰って来られますか。
통금시간까지, 돌아올 수 있겠어요?

はるなちゃんも、学祭に 来られますか。
하루나짱도, 학교축제 올 수 있어요?

じゃあ、ショートをトールにできますか。
자, 쇼트(short)를 톨(tall)로 가능할까요?

○○さんと△△くん、仲直りできますか。
○○씨와△△군, 화해할 수 있겠어요?

② 見<sup>み</sup>える ／ 聞<sup>き</sup>こえる ／ わかる  보이다 / 들리다 / 알다

&ast; 「見<sup>み</sup>る(보다)」와「聞<sup>き</sup>く(듣다)」의 가능동사는「見<sup>み</sup>られる(볼 수 있다)」
　「聞<sup>き</sup>ける(들을 수 있다)」로, 이것은 동작 주체의 의지를 바탕으로 한 표현이다.
　그러나「見<sup>み</sup>える(보인다)」,「聞<sup>き</sup>こえる(들린다)」는 본인의 의지와 관계없이 특정 물체가 시
　야에 들어오거나, 소리가 귀에 들리는 상태를 나타내는 표현이다.

&ast; 「わかる」는, 그 자체가 가능의 의미를 나타내고 있는 동사라 할 수 있다.

向<sup>む</sup>こうに 光教山<sup>カンギョサン</sup>が 見<sup>み</sup>えます。
저 건너편에 광교산이 보입니다.

となりの 教室<sup>きょうしつ</sup>から、金<sup>キム</sup>さんの 声<sup>こえ</sup>が 聞<sup>き</sup>こえます。
옆 교실에서, 김씨의 목소리가 들립니다.

この 問題<sup>もんだい</sup>、わかりますか。
이 문제, 알겠어요?

③ 동사의 수동형

&ast; 1그룹 : 어미「う」단을「あ」단으로 바꿔서,「れる」를 붙인다.

예 : 聞<sup>き</sup>く→聞<sup>き</sup>かれる、読<sup>よ</sup>む→読<sup>よ</sup>まれる

&ast; 2그룹 : 어미「る」를 떼고,「られる」를 붙인다.

예 : 食<sup>た</sup>べる→食<sup>た</sup>べられる、見<sup>み</sup>る→見<sup>み</sup>られる

&ast; 3그룹 : 불규칙 활용

예 : する→される、来<sup>く</sup>る→来<sup>こ</sup>られる

勝手<sup>かって</sup>に 行<sup>い</sup>き先<sup>さき</sup>を 決<sup>き</sup>めたら、何<sup>なに</sup>か 言<sup>い</sup>われますか。
마음대로 행선지를 정하면, 무슨 소릴 들을까요?

行<sup>い</sup>き先<sup>さき</sup>を ヨーロッパに 変<sup>か</sup>えられて しまいました。
행선지가 유럽으로 바뀌어 버렸어요.

発表中<sup>はっぴょうちゅう</sup>に 質問<sup>しつもん</sup>されて 困<sup>こま</sup>りました。
발표 중에 질문당해서 곤란했어요.

お店<sup>みせ</sup>が 始<sup>はじ</sup>まる 前<sup>まえ</sup>に お客<sup>きゃく</sup>さんに 来<sup>こ</sup>られて、準備<sup>じゅんび</sup>が できませんでした。
가게를 열기 전에 손님이 와서, 준비를 할 수 없었어요.

④ 수동형 용법

* 직접수동 : 「~は、~に＋수동형」의 문장으로, 주어가 동작의 작용을 직접 받는다.

  金さんは 先生に ほめられました。
  김씨는 선생님께 칭찬을 받았습니다.

  妹は 父に 叱られました。
  여동생은 아버지께 혼이 났습니다.


* 간접수동 : 「~は、~に、~を＋수동형」의 문장으로, 주어가 특정 동작에 간접적으로
             영향받는다.

  私は 弟に クッキーを 食べられました。
  남동생이 내 쿠키를 먹어버렸습니다.

  母に 手紙を 見られて しまいました。
  어머니께 편지를 들켜버렸습니다.


* 자동사의 수동 : 자동사로도 수동문을 만들 수 있으며, 대부분 피해를 입는 경우에 해당한다.

  昨日は、雨に 降られて 大変でした。
  어제는, 비를 맞아서 힘들었어요.

  夕べ、友だちに 来られて 勉強が できませんでした。
  저녁때, 친구가 와서 공부를 할 수 없었어요.

track-37

현우와 하루나가 졸업 논문에 관하여 이야기 하고 있는 장면

 卒論、書けるかなあ。心配だなぁ。
そつろん　か　　　　　　　　しんぱい

 大丈夫ですよ。
だいじょう ぶ

 単位、落として しまう（ちゃう）気が して……。
たんい　お　　　　　　　　　　　　　　　　き

 大丈夫ですって。
だいじょう ぶ

きっと いい 成績が とれますよ。
せいせき

 教授が 厳しいから、成績を 低く 出されるんじゃ
きょうじゅ きび　　　　　　　　 ひく　だ

ないかと 思うんです。
おも

 あの 教授は そんな ことしませんよ……。
きょうじゅ

たぶん……。

140

교실에서

 卒業旅行は どうしますか。

 ヨーロッパに 行きませんか。

 他の 子たち、行ける でしょうか。高いでしょう？

 そうですね。

勝手に 行き先を 決めたら、何か 言われる ような

気も しますしね。

 他の 子たちに 聞いてから 決めた 方が

いいですね。

まだ、時間が ありますから、他の 場所に

変えられますし。

 そうですね。他の 人の 意見を 聞いて みます。

*1* (      )안에 적당한 말을 아래 박스에서 골라 써 넣으시오.

① A：卒論、（              ）かなぁ。 心配だなぁ。

　　B：大丈夫ですよ。

② A：勝手に 行き先を 決めたら、何か（              ）かも

　　しれませんね。

　　B：他の 子たちに 聞いてから 決めた 方が いいですね。

　　　 まだ、時間が ありますから、他の 場所に（              ）。

| 書かれる | 書ける | 変える |
| 変えられる | 言える | 言われる |

*2* 다음 대화를 듣고 빈칸에 알맞은 말을 써 넣으시오.　track-39

① A：（        ）、落として しまう 気が して（        ）です。

　　B：（        ）。きっと いい（        ）が とれますよ。

② A：（              ）は どうしますか。

　　B：（              ）に 行きませんか。

　　A：（      ）の 子たち、行けるでしょうか。（              ）？

3 다음 문장을 일본어로 옮겨 써 봅시다.

① 맘대로 정하면 무슨 얘길 들을지도 몰라요. →

② 아직 시간이 있으니 변경할 수 있습니다. →

③ 교수님이 엄격하셔서 낮은 성적을 받을 것 같아요. →

4 다음 대화문을 자연스러운 회화문이 되도록 완성해 봅시다.

① A : 学際に 行ったら、何が できますか。
　　　がくさい　　　い　　　　　　なに
　 B : (　　　　　　　　　　　　　　　　　　　)。

② A : 今回の 試験、心配だなあ 。
　　　こんかい　けいけん　しんぱい
　 B : 大丈夫です。 (　　　　　　　　　　　　　　)。
　　　だいじょうぶ

③ A : 李さん、A⁺を とれたそうですね 。
　　　イ
　 B : そうなんです。 (　　　　　　　　　　　　　)。

*1* 다음 대화를 듣고 내용과 일치하는 그림에 번호를 써 넣으시오.  track-40

①

②

③

④

2  「~(ら)れる」의 수동문을 활용하여 이야기를 만들어봅시다.

예문

A： レポートを 締め切りまでに 出さないと どうなりますか。
B： 先生に なんか 言われるでしょう。
C： きっと、しかられますよ。
B： そうですね、去年は たくさん 宿題を 出されましたよ。
A： どうしよう。

3  다음 질문에 가능형 표현을 사용하여 대답해봅시다.

①  100万ウォン あれば 何が できますか。

②  スマートフォンでは 何が できますか。

③  映画の ヒーローたち (スーパーマン、スパイダーマン、
    アイアンマンなど) は 何を する ことが できましたか。

# 文化コーナー
## 문화 코너

### 연인 만들기

'소개팅' 이라는 말은 일본에는 존재하지 않는다. 한국에서는 친구가 이성을 소개해주기 때문에 이런 단어가 생겼다고 한다. 하지만 생각해보면 실제로 연인이 될 수 있는 범위는 같은 학교의 학우나 같은 회사의 동료로 한정되어 있는 것이 보통이다. 그 외에는 단체미팅에 가거나 지인의 소개로 연인을 만들어 가는 방법이 존재한다. 최근에는 결혼을 하는 것이 목적인 사람들의 모임이 존재하는가 하면, 결혼 상대를 찾아주는 역할을 하는 '콘카츠' 라는 업체도 있다고 한다. 아직 결혼을 하지 못한 사람들에게는 좋은 기회이기도 하지만 지인이 아닌 업체를 통해 결혼 상대를 만난다는 것이 약간 두렵지는 않을까? 또 다른 인연을 만드는 수단으로는 파티에 참석하거나 '난파(한국에서는 헌팅)'라는 방법도 있는 것 같지만 낯가림이 심한 나에게는 어려울 것 같다.

내 주변에도 미팅이나 소개팅으로 연인 사이가 되는 친구들이 생각보다 많았다. 이런 방법을 통해 연인이 되는 것은 한국과 일본 두 나라 사이에서도 별 차이는 보이지 않는 것 같다. 홍대역(홍익대학교역)에 있는 어느 클럽에서는 남녀간의 매칭(Matching)을 해주는 이벤트도 있다고 한다. 지금 나에게 남자친구는 별로 급하지 않지만, 한번 경험 해보는 것도 좋지 않을까? 어디계신가요? 나의 왕자님.

恋人を作る
こいびと　つく

　ソゲッティンという言葉が日本にはない。友達の紹介で…とかいう言
ことば　にほん　　　　　　　ともだち　しょうかい
い方をする。恋人になるのは、同じ学校や会社だったり、同級生だった
かた　　　こいびと　　　おな　がっこう　かいしゃ　　　どうきゅうせい
り。それ以外は、合コンに行ったり紹介してもらったりするらしい。最
いがい　ごう　い　しょうかい　　　　　　　　　さい
近では、結婚したい人たちが同じ目的で集まったり、結婚するための努
きん　けっこん　ひと　　　おな　もくてき　あつ　　　けっこん　　　ど
力をする婚活っていうのがあるらしい。就職活動みたいだ。でも、なか
りょく　こんかつ　　　　　　　　　　しゅうしょくかつどう
なか出会いのない人にはいいんじゃないかな。パーティーに行ったりす
であ　　　　ひと　　　　　　　　　　　　　　　　　　　い
るらしいけど、僕も一度行ってみようかな。他には、ナンパっていう手
ぼく　いちど　　　　　　　　ほか　　　　　　　　　　て
もあるらしいけど、人見知りの僕にはちょっと難しいかも……。
ひとみし　ぼく　　　　　　　むずか

　ミーティングやソゲッティンというシステムで、恋人になった友達が
こいびと　　　ともだち
けっこういた。そういうところは、日本も韓国もあまりかわらない。ホ
にほん　かんこく
ンデのクラブではマッチングしてくれたりもする。そんなに切実じゃな
せつじつ
いけど、一度くらいそういうのを経験してみるのもいいかな、と思う。
いちど　　　　　　　　　けいけん　　　　　　　　　おも
私に合う人がソゲッティンに来るといいんだけど……。
わたし　あ　ひと　　　　　　く

# 부록

- 청해연습 스크립트 및 정답
- 문법&문형 / 본문 회화 해석

**1課** プレゼントを あげる つもりです。

## ドリル 確認 学習 (p.16~17)

**01**

① A：明日は はるなさんの 誕生日パーティーが ありますね。

B：プレゼントは 何を （ あげますか ）。

② A：李先生に A⁺を （ いただきました ）。

B：ほんとうですか。李先生、あまり A⁺を （ くれないんですよ ）。

**02**

track-03

① A：明日は はるなさんの （ 誕生日パーティー ）が ありますね。

B：（ プレゼント ）は 何を あげますか？ 何か （ 用意 ）しましたか。

A：私は （ 手作り ）の クッキーを あげる つもりです。

② A：キムさん、A⁺を もらったんですね。 私も A⁺を もらいたいな。（ がんばります ）。

B：一緒に がんばりましょう。

**03**

① 私は 手作りの クッキーを あげる つもり です。

② 私は 李先生に A⁺を もらいました。

③ 私も ほしい。私にも ください。

**04**

① A：プレゼントは 用意しましたか。

B：（ 私はポジャギをあげるつもりです ）。

② A：李先生に A⁺を いただきました。

B：私も （ A⁺を もらいたな ）。

③ A：はるなさんの 誕生日パーティー、 （ 楽しい パーティーに しましょう ）。

B：そうしましょう。

## チャレンジ 연습 문제 (p.18)

**01**

track-04

① A：明日は キムさんの 誕生日パーティーが ありますね。 プレゼントは 何を あげますか。

B：私は 手作りの ケーキを あげる つもりです。

② A：誕生日プレゼントは 何を もらったんですか。

B：友達に 本を もらいました。 私の 好きな 作家の 本でした。

③ A：日本語の 成績は どうでしたか。

B：私、A⁺を もらいました。

A：すごいですね。あの 先生 なかなか A⁺を くれないんですよ。

④ A：先生に お土産を いただきました。

B：お土産ですか。 何を もらったんですか。

A：日本の お菓子です。 おいしかったです。

## 정답

① 3　　② 1　　③ 2　　④ 4

## 2課　サークルの 説明を しています。

### ドリル　確認 学習 (p.30~31)

**01**

① A：×× サークルでは 今、新しいメンバーを
　　　（　募集して います　）。
　　　ぜひ、（　入って ください　）。
　　B：申し込みは どこで しますか。
　　A：この 紙に （　書いて ください　）。
② A：今、ショートサイズを トールサイズに
　　　変える イベントを （　やって います
　　　）。
　　B：じゃあ、ショートを トールに
　　　（　して ください　）。

**02**　track-07

A：この 紙に （　名前　）と 連絡先を
　　書いて ください。
　　それと、今、4206（　教室　）で
　　サークルの 説明を して います。
B：4206（　教室　）は どこに あります
　　か。
A：ここを （　まっすぐ　）行って くださ
　　い。そう すると、第4（　講義棟　）が
　　あります。その（　2階　）ですよ。
B：わかりました。ありがとうございます。

**03**

① 新しいメンバーを 募集して います。
② この 紙に 名前と 連絡先を 書いて ください。
③ ここを まっすぐ 行って 下さい。

**04**

① A：教室は どこですか。
　　B：（　ここを まっすぐ 行って ください　）。
② A：今、（　4206教室で サークルの
　　　説明を して います　）。
　　B：4206（　教室　）は どこに
　　　ありますか。
③ A：カフェモカ ください。
　　B：今、（　ショートサイズを トール
　　　サイズに 変える イベントを やって
　　　います　）。

### チャレンジ　練習 問題 (p.32)

**01**　track-08

① A：今、日本語サークルで 新しい
　　　メンバーを 募集して います。
　　　ぜひ 入って ください。
　　B：日本語サークルですか。
　　　申し込みは どこで しますか。
② A：すみません、
　　　第一講義棟は どこですか。
　　B：ここを まっすぐ 行って ください。
　　　そう すると 図書館が あります。
　　　その となりです。
③ A：カフェラテ 一つ ください。
　　B：ホットの カフェラテですね。
　　　サイズは どうしますか。
　　A：ショットでお願いします。
　　B：かしこまりました。
　　　少々 お待ちください。

④ A：この 紙に 名前と 連絡先を 書いて
　　　ください。

　　B：電話番号は ケイタイ番号で
　　　いいですか。

**정답**

① 2　　　② 3　　　③ 4　　　④ 1

---

**3課**　　行っては いけません。

**ドリル 確認 学習 (p.44~45)**

**01**

1、門限は 1時です。 1時 以降に 帰って
　（ 来ては いけません ）。

2、食堂は 自由に （ 使っても いいです ）。

3、男性は 女性の、女性は 男性の 部屋に
　（ 行っては いけません ）。

4、1時 以降、玄関の ドアは
　（ 閉まって います ）。
　裏口から 入って ください。

**02**　　track-11

A：はるなさん、（ 寮 ）での
　　暮らしは どうですか。

B：楽しいですよ。 でも、
　　いろいろ （ 規則 ）が あります。
　　たとえば、（ 門限 ）は 1時です。
　　1時 以降、（ 玄関 ）の ドアは
　　閉まって います。
　　女性は 男性の （ 部屋 ）に 行っては
　　いけません。

A：へぇ、たくさんの （ 決まり ）が
　　ありますね。

**03**

① 玄関の ドアは 閉まって います。

② サウナに タオルを 持って いっても
　いいです。

③ 1時 以降に 帰って きては いけません。

**04**

① A：他に どんな 規則が ありますか。

　　B：（ お風呂に タオルを 入れては
　　　いけません ）。

② A：日本の 温泉は、いろいろ 決まりが
　　　あるんですね。

　　B：（ 男湯と 女湯が 決まって います ）。

③ A：門限は ありますか。

　　B：門限は 1時です。（ 1時 以降、
　　　玄関の ドアは 閉まって います ）。

**チャレンジ 연습 문제 (p.46)**

**01**　　track-12

① A：明日、はるなさんの
　　　誕生日パーティが あります。

　　B：そうですか。
　　　私も 一緒に 行っても いいですか。

② A：日本の 温泉には どんな 決まりが
　　　ありますか。

　　B：そうですね…。 まず、お風呂に
　　　タオルを 入れては いけません。

③ A：寮に 門限は ありますか。

　　B：はい、12時 以降に 帰って 来ては
　　　いけません。
　　　玄関の ドアが 閉まって います。

④ A：今から サークルに 入っても
　　　いいですか。

　　B：すみません、もう メンバーが
　　　決まって います。

## 정답

　①2　　　②3　　　③4　　　④1

**4課**　研修を してから、
　　　　担当を 決めます。

### ドリル　確認 学習 (p.58~59)

**01**

① A：バイトは、シフトを（　決める
　　　前に　）、研修を します。
　　　それから、5日 以降に 給料を
　　　（　受け取る ことが できます　）。

　　B：担当は どうやって 決めますか。

　　A：研修での 態度を（　見て　）、
　　　決めます。

**02**　　　　　　　　　　　　　🎧 track-15

① A：バイトは、シフトを 決める
　　　（　前に　）、研修を します。
　　　それと、研修を（　してから　）、
　　　担当を 決めますね。

　　B：そうですか。
　　　（　よろしく お願いします　）。

② A：この（　服　）、買ったんですけど、
　　　ちょっと 小さいんです。

　　B：在庫を 確認してから 取り替えます。
　　　（　少々 お待ちください　）。

**03**

① 研修での 態度を 見て 決めます。
② 研修を してから 担当を 決めます。
③ 交換する 前に、もう 一度 着て みます。
④ 5日 以降に 給料を 受け取る ことが
　できます。

**04**

① A：この 服、買ったんですけど、
　　　ちょっと 小さいんです。
　　　取り替える ことは できますか。

　　B：（　在庫を 確認してから、
　　　取り替えますね　）。
　　　少々 お待ちください。

② A：給料日は いつですか。

　　B：給料は（　5日 以降に 受け取る
　　　ことが できます　）。

③ A：担当は どうやって 決めますか。

　　B：研修での（　態度を 見て決めます　）。

### チャレンジ　連習 問題 (p.60)

**01**　　　　　　　　　　　　　🎧 track-16

① A：この 服、昨日 買ったんですけど、
　　　少し 大きいです。
　　　取り替える ことは できますか。

　　B：在庫を 確認してから 取り替えますね。
　　　少々 お待ちください。

② A：食事を してから 何を しますか。

　　B：テレビを 見る つもりです。
　　　でも、テレビを 見る 前に レポートを
　　　書きます。

③ A：注文をする 前に メニューを
　　決めましょう。
　　僕は ホットコーヒーに します。
　B：私は アイスラテ ください。
④ A：これ、借りる ことが できますか。
　B：すみません、CDは 借りる ことが
　　できません。

### 정답

①２　　　②３　　　③１　　　④４

---

5課　　発表しなくては なりません。

### ドリル　確認 学習 (p.72~73)

01

① A：発表の ときに、
　　質問を （　して も いいですか ）。
　B：発表中は （　しないで ください ）。
　　発表が 終わってから、質問の 時間が
　　あります。
② A：会費は （　払わなければ
　　なりませんか ）。
　B：はい。でも、新入生は 払わなくても
　　いいです。先輩たちが 払いますから。

02　　🎧 track-19

① A：今日は ゼミの （　進めかた　）を
　　説明します。
　　ゼミでは （　一人ひとり　）
　　発表しなければ なりません。
　B：質問は した （　方　）が いいですか。
　A：（　発表中　）は しないで ください。

② A：会費は （　いくらですか　）。
　B：新入生は 払わなくても いいです。
　　（　先輩たち　）が 払いますから。
　A：ありがとうございます。
　　（　ごちそうさまです　）。

03

① ゼミでは 一人ひとり 発表しなければ
　なりません。
② コンパで 飲みすぎないで ください。
③ 新入生は 会費を 払わなくても いいです。

04

① A：質問を した 方が いいですか。
　B：別に （　しなくても かまいません　）。
② A：（　会費を 払わなければ
　　なりませんか　）。
　B：新入生は 会費を 払わなくても
　　いいです。
③ A：新入生 歓迎コンパですから 楽しく
　　飲みましょう。
　B：でも （　飲みすぎないで ください　）。

### チャレンジ　연습 문제 (p.74)

01　　🎧 track-20

① A：ゼミで かならず 発表しなければ
　　なりませんか。
　B：はい、そうです。でも 一年生は
　　発表しなくても いいですよ。
② A：この 花、本物ですか。
　B：すみません、それに 触らないで
　　ください。

154

③ A：コンパが ありますから、

　　みんな 会費を 払ってください。
　　　　　かいひ　　はら

B：新入生も 払わなければ
　しんにゅうせい　はら

　　なりません。

A：いいえ、新入生は 払わなくても
　　　　　しんにゅうせい　はら

　　いいです。

④ A：今から 入っても いいですか。
　　いま　　はい

B：はい、でも 裏口から 入らなければ
　　　　　　　うらぐち　はい

　　なりません。

## 정답

① 3　　　② 1　　　③ 4　　　④ 2

**6課** ナミソムに 行った ことが
あります。

## ドリル 確認 学習 (p.86~87)

### 01

① A：車で （ 行かない 方が いいです ）。
　　くるま　　い　　　ほう

B：どうしてですか。

　　車の 方が 楽でしょう。
　　くるま　ほう　らく

② A：（ さぼった ことが ありますが ）、

　　次が 大変でした。
　　つぎ　たいへん

B：どうしてですか。

A：課題が （ 出たり ）、
　　かだい

　　連絡が （ あったり ） しました。
　　れんらく

### 02

track-23

① A：はるなちゃんを （ デート ）に

　　誘おうと 思うんですが、
　　さそ　　　おも

　　（ どこが いいですか ）。

B：そうですね。

　　ナミソムは 行った ことが ありますか。
　　　　　　　い

　　（ 雰囲気 ）が いい 場所です。
　　　ふんいき　　　　ばしょ

　　ナミソムでは、カップルが

　　（ 自転車 )に 乗ったり、
　　　じてんしゃ　の

　　（ 写真 ）を 撮ったり します。
　　　しゃしん　　と

② A：（ 午後 ）の 授業、
　　　ご　　じゅぎょう

　　どうしようかなぁ。（ 出席 ）を
　　　　　　　　　　しゅっせき

　　とった あとで、抜け出そうかなぁ。
　　　　　　　　　ぬ　だ

B：サボらない ほうが いいですよ。

　　さぼった ことが ありますが、

　　（ 次の ）授業が （ 大変でした ）。
　　　つぎ　じゅぎょう　　たいへん

### 03

① ナミソムに 行った ことが ありますか。
　　　　　　い

② 車で 行かない 方が いいです。
　くるま　い　　　ほう

　バスで 行った 方が いいです。
　　　　　い　　ほう

③ 自転車に 乗ったり、
　じてんしゃ　の

　写真を 撮ったり します。
　しゃしん　と

### 04

① A：発表中、質問しても いいですか。
　　はっぴょうちゅう　しつもん

B：（ 発表中は 質問しない 方が
　　　はっぴょうちゅう　しつもん

　　いいです ）。

② A：出席を とった あとで、
　　しゅっせき

　　抜け出そうかなあ。
　　ぬ　だ

B：（ 私も さぼった ことが
　　　わたし

　　ありますが ）、次の 授業が
　　　　　　　つぎ　じゅぎょう

　　大変でした。
　　たいへん

③ A：ゼミでは 何を しますか。
　　　　　　なに

B：（ 発表したり、質問したり します ）。
　　　はっぴょう　　しつもん

## チャレンジ　連習 問題 (p.88)

### 01
track-24

① A：パクさんは 海外に 行った ことが
　　　ありますか。
　 B：はい、高校生の 時、
　　　日本に 行った ことが あります。
② A：キムさんは 週末に 何を しますか。
　 B：家で 本を 読んだり、
　　　映画を 見たり します。
③ A：やっぱり 授業は さぼらない 方が
　　　いいですね。
　 B：どうしてですか？
　 A：課題が 出たり、次の 授業の 連絡が
　　　あったりして 大変でした。
④ A：食事を した あとで 何を しましたか。
　 B：自転車に 乗ったり、
　　　写真を 撮ったり しました。

### 정답
① 2　　　② 3　　　③ 4　　　④ 1

### 7課　けんかしたらしいですよ。

## ドリル 確認 学習 (p.100~101)

### 01

① A：○○さんと △△さん、
　　　（ けんかしたらしいです ）。
　 B：ほんとうですか？
　　　あんなに 仲が よかったのに？
② A：○○さんと △△さん、
　　　けんかしたんですか。
　 B：そうですね。今回は かなり
　　　（ 派手だったそうです ）。

### 02
track-27

A：○○さんと △△さん、
　　けんかしたらしいですよ。
B：あんなに （ 仲 ） が よかったのに？
A：（ 仲が いいほど ） けんかする、
　　とは いいますけどね……。
B：でも、すぐに （ 仲直り ） するでしょう。
A：どうですかね。
　　（ 今回 ）の けんかは かなり
　　（ 派手 ） だったそうですから。

### 03

① 金さんと 李さん、
　　あんなに 仲が よかったのに……。
② 今回の けんかは かなり
　　派手だったそうです。
③ 金さんと 李さん、
　　仲直りしたらしいです。

### 04

① A：（ 金さんと 李さん、
　　　けんかしたらしいです ）。
　 B：でも、金さん やさしいから すぐ
　　　負けますね。
② A：今回の 試験で Aを もらいました。
　 B：（ 試験、難しかったのに、
　　　すごいですね ）。
③ A：（ 金さんが 折れたそうです ）。
　 B：彼女 やさしいから……。

チャレンジ 연습 문제 (p.102)

**01**

① A：金さんと 李さん、
<ruby>金<rt>キム</rt></ruby>さんと <ruby>李<rt>イ</rt></ruby>さん、
けんかしたらしいですね。

B：ほんとうですか。
あんなに 仲が よかったのに。
あんなに <ruby>仲<rt>なか</rt></ruby>が よかったのに。

② A：今日、午後から 雨が
<ruby>今日<rt>きょう</rt></ruby>、<ruby>午後<rt>ごご</rt></ruby>から <ruby>雨<rt>あめ</rt></ruby>が
降るそうですね。
<ruby>降<rt>ふ</rt></ruby>るそうですね。

B：え？、私 かさ ないんですけど……。
え？、<ruby>私<rt>わたし</rt></ruby> かさ ないんですけど……。

③ A：あの 二人、仲直りしたらしいです。
あの <ruby>二人<rt>ふたり</rt></ruby>、<ruby>仲直<rt>なかなお</rt></ruby>りしたらしいです。

B：そうですか。早いですね。
そうですか。<ruby>早<rt>はや</rt></ruby>いですね。

④ A：今回の 試験は 難しくなるそうですね。
<ruby>今回<rt>こんかい</rt></ruby>の <ruby>試験<rt>しけん</rt></ruby>は <ruby>難<rt>むずか</rt></ruby>しくなるそうですね。

B：ほんとうですか。
それは いやです……。

정답

① 4    ② 2    ③ 1    ④ 3

**8課**　A+ とれそうです。

드릴 확인 학습 (p.114~115)

**01**

① A：今回は 私、
<ruby>今回<rt>こんかい</rt></ruby>は <ruby>私<rt>わたし</rt></ruby>、
A+（　とれそうです　）。

B：本当に？試験、難しかったのに
<ruby>本当<rt>ほんとう</rt></ruby>に？<ruby>試験<rt>しけん</rt></ruby>、<ruby>難<rt>むずか</rt></ruby>しかったのに
すごいですね。

② A：今年の 夏休みは バスが
<ruby>今年<rt>ことし</rt></ruby>の <ruby>夏休<rt>なつやす</rt></ruby>みは バスが
（　込みそうです　）。

B：じゃあ、早く バスを 予約しなければ
じゃあ、<ruby>早<rt>はや</rt></ruby>く バスを <ruby>予約<rt>よやく</rt></ruby>しなければ
いけませんね。

A：どうしよう。バスの チケットが
（　取れないようです　）。

**02**

① A：私、今回の（　試験　）で
<ruby>私<rt>わたし</rt></ruby>、<ruby>今回<rt>こんかい</rt></ruby>の（　<ruby>試験<rt>しけん</rt></ruby>　）で
Cを とりそうです。

B：（　まさか　）！

A：（　本当　）ですよ。
（　<ruby>本当<rt>ほんとう</rt></ruby>　）ですよ。
全然（　自信　）が ありません。
<ruby>全然<rt>ぜんぜん</rt></ruby>（　<ruby>自信<rt>じしん</rt></ruby>　）が ありません。

② A：バスが（　込む　）ようですね。
（　とりあえず　）、まだ（　席　）
（　とりあえず　）、まだ（　<ruby>席<rt>せき</rt></ruby>　）
が あるか 確かめてみましょう。
が あるか <ruby>確<rt>たし</rt></ruby>かめてみましょう。

B：はい。（　急いで　）確認して みます。
はい。（　<ruby>急<rt>いそ</rt></ruby>いで　）<ruby>確認<rt>かくにん</rt></ruby>して みます。

**03**

① 私は 今回の 試験でA+を とれそうです。
<ruby>私<rt>わたし</rt></ruby>は <ruby>今回<rt>こんかい</rt></ruby>の <ruby>試験<rt>しけん</rt></ruby>でA+を とれそうです。

② まだ 席が あるか 確かめて みましょう。
まだ <ruby>席<rt>せき</rt></ruby>が あるか <ruby>確<rt>たし</rt></ruby>かめて みましょう。

③ 急いで 確認して みます。
<ruby>急<rt>いそ</rt></ruby>いで <ruby>確認<rt>かくにん</rt></ruby>して みます。

**04**

① A：今回の 試験 どうでしたか。
<ruby>今回<rt>こんかい</rt></ruby>の <ruby>試験<rt>しけん</rt></ruby> どうでしたか。

B：（　まったく 自信が ありません。
（　まったく <ruby>自信<rt>じしん</rt></ruby>が ありません。
Cを とりそうです　）。

② A：バスの チケットは 取りましたか。
バスの チケットは <ruby>取<rt>と</rt></ruby>りましたか。

B：夏休みは バスが 込んで、
<ruby>夏休<rt>なつやす</rt></ruby>みは バスが <ruby>込<rt>こ</rt></ruby>んで、
（　取れないようですよ　）。
（　<ruby>取<rt>と</rt></ruby>れないようですよ　）。

③ A：まだ 席が あるか どうか
まだ <ruby>席<rt>せき</rt></ruby>が あるか どうか
確かめた 方が いいですね。
<ruby>確<rt>たし</rt></ruby>かめた <ruby>方<rt>ほう</rt></ruby>が いいですね。

B：（　急いで 確認します　）。
（　<ruby>急<rt>いそ</rt></ruby>いで <ruby>確認<rt>かくにん</rt></ruby>します　）。

チャレンジ 연습 문제 (p.116)

**01**

① A：今年の 連休は バスが 込みそうですね。
<ruby>今年<rt>ことし</rt></ruby>の <ruby>連休<rt>れんきゅう</rt></ruby>は バスが <ruby>込<rt>こ</rt></ruby>みそうですね。

B：じゃあ、早く 予約しなきゃ。
じゃあ、<ruby>早<rt>はや</rt></ruby>く <ruby>予約<rt>よやく</rt></ruby>しなきゃ。

② A : 今回の 試験、頑張った そうですね。

B : はい。私 A を 取りそうです。

③ A : 金さんが バスの 予約を した そうです。

まだ 席が あった そうですよ。

B : ほんとう？よかったですね。

④ A : 明日、映画でも 見ましょうか。

B : でも 週末ですから、

チケットが 取れないような……。

## 정답

① 2　　　② 3　　　③ 1　　　④ 4

### 9課　両方 やったら どうしよう。

**ドリル　확인 학습 (p.128~129)**

**01**

① A : お店を ( やると )、

お金が かかりますしね。

B : でも、お店を やって ( もうかれば )、日本語の 本を 買う ことが できますよ。

② A : 時間に ( なったら )、きて くださいね。

B : もし、何か ( あれば )、

ケイタイに 連絡して ください。

**02**　🎧 track-35

③ A : 学祭では、( サークル ) ごとに

お店を 出したり、

( パフォーマンス ) を したり

します。

B : そうですか。じゃあ、お店を

出したら ( どうでしょう )。

④ A : ( 今日 ) は 学祭です。

( 楽しい ) 学祭に しましょう。

B : 自分の ( 順番 ) に なったら、

( 交代 ) する ために お店に

来ます。

**03**

① 自分の 順番に なったら、

お店に きて ください。

② 学祭で お店を やると、

お金が かかります。

③ パフォーマンスを したら

どうでしょう。

**04**

① A : お店と パフォーマンス、

( 両方 やったら どうでしょう )。

B : みんなに 聞いて みましょう。

② A : 第4講義棟は どこに ありますか。

B : ( ここを まっすぐ 行くと

あります )。

③ A : ( お店を やって もうかれば )

日本語の 本を 買う ことも できます。

B : そうですか。

じゃあ、お店を やりましょう。

**チャレンジ　연습 문제 (p.130)**　🎧 track-36

① A : 今年の 学祭で お店を 出したら

どうですか。

B : いいですね。そうしましょう。

② A：今回の 連休に 旅行でも
　　　行きませんか。

　　B：でも、旅行に 行くと お金が
　　　かかりますし……。

③ A：金さん、どこか 行きますか。

　　B：すみません、用事が ありまして…。
　　　何か あれば ケイタイに
　　　連絡 ください。

④ A：初めての デートですが、
　　　どこが いいですかね。

　　B：インターネットで さがしたら
　　　どうですか。

정답

① 2　　　② 4　　　③ 1　　　④ 3

**10課** いい 成績が とれますよ。

**ドリル 確認 学習 (p.142~143)**

01

① A：卒論、（　書ける　）かなぁ。
　　　心配だなぁ。

　　B：大丈夫ですよ。

② A：勝手に 行き先を 決めたら、
　　　何か（　言われる　）かも
　　　しれませんね。

　　B：他の 子たちに 聞いてから
　　　決めた 方が いいですね。
　　　まだ、時間が ありますから、
　　　他の 場所に（　変えられます　）。

① A：（　単位　）、落として しまう
　　　気が して（　心配　）です。

　　B：（　大丈夫です　）。きっと いい
　　　（　成績　）が とれますよ。

② A：（　卒業旅行　）は どうしますか。

　　B：（　ヨーロッパ　）に 行きませんか。

　　A：（　他　）の 子たち、行けるでしょうか。
　　　（　高いでしょう　）？

03

① 勝手に 決めたら、
　　何か 言われるかも しれません。

② まだ 時間が ありますから、
　　変えられます。

③ 教授が 厳しいから、
　　成績を 低く 出されると 思います。

04

① A：学際に 行ったら、何が できますか。

　　B：（　いろいろな お店が
　　　見られます　）。

② A：今回の 試験、心配だなぁ。

　　B：大丈夫です。（　きっと いい
　　　成績が とれますよ　）。

③ A：李さん、A⁺を とれたそうですね。

　　B：そうなんです。（　それで、先生に
　　　ほめられました　）。

## チャレンジ 연습 문제 (p.144)

**01** 🎧 track-40

① A：卒業旅行で ヨーロッパは どうですか。
　　　そつぎょうりょこう

　　B：少し遠いですが、みんな行けますか。
　　　すこ とお い

② A：韓国の 料理は 好きですか。
　　　かんこく りょうり す

　　B：はい、好きです。
　　　す

　　　私、何でも 食べられますよ。
　　　わたし なん た

③ A：授業中、いきなり 質問されて
　　　じゅぎょうちゅう しつもん

　　　困りました。
　　　こま

　　B：質問には 答えられましたか。
　　　しつもん こた

④ A：李先生に 何か 言われましたか。
　　　イせんせい なに い

　　B：レポートを 出さなくて、
　　　だ

　　　先生に しかられました。
　　　せんせい

## 정답

① 3　　　　② 1　　　　③ 4　　　　④ 2

# 해석 자료

## Chapter 01
**본문 회화**
p.14
미희 : 내일은 하루나 씨의 생일 파티가 있지요.
현우 : 선물은 무엇을 줄 건가요? 뭔가 준비했나요?
미희 : 저는 직접 만든 쿠키를 줄 생각이에요.
현우 : 나도 갖고 싶어!! 저에게도 주세요!!!
미희 : 좋아요.
현우 : 나는 뭘 주지?
미희 : 보자기는 어때요?
현우 : 아, 한국의 후로시키 (일본 보자기) 말이군요. 좋네요. 그렇게 하겠습니다.
미희 : 하루나 씨의 생일 파티, 즐거운 파티를 하자구요.

p.15
은수 : 선생님에게서 A+를 받았어요.
하루나 : 은수 군, A+를 받았군요.
그 선생님, 그다지 A+를 주지 않아요.
은수 : 아, 그런가요?
하루나 : 나도 A+를 받고 싶어요. 열심히 하겠습니다.
은수 : 함께 열심히 해 봅시다.

## Chapter 02
**본문 회화**
p.28
진영 : 일본어 동아리에서는 지금, 새로운 멤버를 모집하고 있습니다. 꼭, 들어와 주세요.
소라 : 신청은 어디서 하나요?
진영 : 이 종이에 이름과 연락처를 적어 주세요. 그리고, 지금, 4206교실에서 동아리 설명을 하고 있습니다.
소라 : 4206교실은 어디에 있어요?

진영 : 여기를 쭉 가 주세요. 그러면, 제4강의동이 있습니다. 그 2층이에요.
소라 : 알겠습니다. 감사합니다.

p.29
은수 : 카페모카 주세요.
유나 : 지금, 쇼트사이즈를 톨사이즈로 바꾸는 이벤트를 하고 있습니다.
은수 : 그럼, 쇼트를 톨로 해 주세요.
유나 : 알겠습니다. 잠시만 기다려 주세요.

## Chapter 03
**본문 회화**
p.42
소라 : 하루나 씨, 기숙사에서의 생활은 어때요?
하루나 : 즐거워요. 하지만, 여러가지 규칙이 있어요. 이 종이를 봐 주세요.

1, 통금시간은 1시입니다. 1시 이후에 돌아와서는 안됩니다.
2, 식사는 언제 해도 괜찮습니다.
3, 남자는 여자의, 여자는 남자의 방에 가서는 안됩니다.
4, 1시 이후, 현관문은 잠겨 있습니다. 뒷문으로 들어와 주세요.

소라 : 와, 많은 규칙이 있네요.

p.43
미희 : 일본 온천은, 여러가지 규칙이 있죠? 뭔가 주의할 것이 있나요?
하루나 : 남탕과 여탕이 정해져 있어요. 틀려서는 안됩니다.
미희 : 그 밖에는 어떤 것이 있나요?
하루나 : 글쎄요. 목욕탕에 타올을 넣으면 안됩니다.
미희 : 그래요?
하루나 : 네. 하지만, 사우나에는 타올을 가지고 가도 괜찮아요.
미희 : 잘 알겠습니다.

# Chapter 04

본문 회화

p.56

현우 : 오늘부터 새로 들어온 현우입니다. 잘 부탁드립니다.

남자 점장 : 저야말로 잘 부탁해요. 그럼, 설명할게요.

현우 : 네.

남자 점장 : 아르바이트는, 시간표를 정하기 전에, 연수를 합니다. 그리고, 5일 이후에 급여를 받을 수 있습니다.

현우 : 네, 알겠습니다.

남자 점장 : 그리고, 연수를 하고 나서, 담당을 정할게요.

현우 : 담당은 어떻게 정합니까?

남자 점장 : 연수에서의 태도를 보고, 정합니다.

현우 : 알겠습니다. 잘 부탁드립니다.

p.57

여자 점원 : 어서 오세요.

은수 : 이 옷, 샀는데요, 조금 작아요. 교환할 수 있을까요?

여자 점원 : 재고를 확인한 후에, 교환해 드리겠습니다. 잠시만 기다려 주십시오.

은수 : 아, 그래요? 그럼, 교환하기 전에, 한 번 더 입어보겠습니다.

여자 점원 : 그렇습니까? 그럼, 이쪽으로 오세요.

# Chapter 05

본문 회화

p.70

은수 : 오늘은 세미나의 진행 방법을 설명하겠습니다. 세미나에서는 한 사람 한 사람 발표해야 합니다.

소라 : 신입생도입니까?

은수 : 하지만, 신입생은 바로 발표하지 않아도 됩니다. 선배들 발표부터 하니까요.

소라 : 발표 때에, 질문을 해도 괜찮나요?

은수 : 발표중에는 하지 말아 주세요.

소라 : 질문은 하는 편이 좋나요?

은수 : 특별히 하지 않아도 상관없습니다. 발표가 끝나고 나서, 질문 시간이 있습니다. 그때, 질문을 해 주세요.

p.71

은수 : 오늘은 신입생 환영회이니까, 즐겁게 마십시다.

소라 : 회비는 얼마인가요?

은수 : 여자는 1500엔, 남자는 2500엔입니다.

소라 : 오늘, 지불하지 않으면 안되나요?

은수 : 네. 하지만, 신입생은 지불하지 않아도 됩니다. 선배들이 지불하니까요.

소라 : 아, 그래요? 감사합니다. 잘 먹겠습니다.

# Chapter 06

본문 회화

p.84

현우 : 하루나에게 데이트 하자고 하려는데, 어디가 좋을까요?

은수 : 남이섬은 간 적이 있나요? 분위기가 좋은 장소죠. 하지만, 차로 가지 않는 편이 좋습니다. 버스로 가는 편이 좋아요.

현우 : 왜 그렇죠? 데이트인데. 차가 편하잖아요.

은수 : 차는 붐비니까요. 남이섬에서는, 커플이 자전거를 타거나, 사진을 찍거나 해요.

현우 : 우와, 즐거울 것 같네요.

p.85

현우 : 오후 수업, 어떻게 할까. 출석 체크를 하고 난 뒤에, 몰래 빠져나갈까?

은수 : 땡땡이 치지 않는 편이 좋아요.

현우 : 왜?

은수 : 땡땡이 친 적이 있는데, 다음 수업이 힘들었거든요. 게다가 과제가 있거나, 다음 수업의 연락이 있거나 하니까요.

현우 : 그래요? 역시 수업을 빠지지 않는 편이 좋겠네요.

# Chapter 07

**본문 회화**

p.98

미희 : 쥰이치 군과 은비 씨, 다툰 것 같아요.

은수 : 응? 그렇게 사이가 좋았는데요?

미희 : 사이가 좋을수록 싸운다, 라고는 하지만. 굉장한 말다툼을 했다네요.

은수 : 하지만, 바로 화해하겠지요.

미희 : 어떨까요. 이번 다툼은 굉장히 심했던 것 같은데요.

은수 : 은비 씨, 몹시 기가 세니까, 쥰이치 군, 지겠네요.

p.99

은수 : 은비 씨와 쥰이치 군, 화해한 것 같아요.

미희 : 응??! 벌써? 빠르네요.

은수 : 쥰이치 군이 졌다고 하네요.

미희 : 착하네요, 쥰이치 군.

은수 : ...은비 씨가 무서워서겠죠. (웃음)

# Chapter 08

**본문 회화**

p.112

미희　 : 이번엔 저, A+ 받을 것 같아요.

하루나 : 정말? 시험, 어려웠는데 굉장하네요.

미희　 : 하지만, 전부 맞은 것 같은 느낌이 들거든요.

하루나 : 저는 C를 받을 것 같아요.

미희　 : 설마!!!!

하루나 : 정말이에요. 전혀 자신이 없거든요.

미희　 : 하지만, C는 아니겠죠. 열심히 했었던 것 같으니까요. 제 생각으로는, B 정도는 받을 수 있을 것 같아요.

p.113

소라 : 올해 여름방학은 버스가 붐빌 것 같아요.

진영 : 그럼, 빨리 버스를 예약해야 하네요.

소라 : 나쁜 예감이 들어요... 벌써, 버스 티켓을 살 수 없을 것 같은...

진영 : 그러지 마세요...

소라 : 우선, 아직 자리가 있는지 확인해 봅시다.

진영 : 네. 서둘러 확인해 보겠습니다.

소라 : 그래요. 그렇게 해요.

# Chapter 09

**본문 회화**

p.126

은수 : 학교 축제에서는, 동아리마다 가게를 내거나, 공연을 하거나 합니다.

소라 : 그래요?

은수 : 일본어 동아리는, 일본의 문화에 대해 무언가 한다면, 좋을지도 모르겠네요.

미희 : 가게를 하면, 돈이 들어가기도 하고요.

은수 : 하지만, 가게를 해서 돈을 벌면, 일본어 책을 살 수 있어요.

소라 : 그럼, 가게를 하는 편이 좋을지도 모르겠네요.

미희 : 둘 다 하면 어떨까요?

은수 : 그렇게 할까요? 모두에게 물어보고 나서, 정합시다.

p.127

미희 : 오늘은 학교 축제입니다. 즐거운 학교 축제를 만들어요.

진영 : 제 순서가 되면, 교대하기 위해 가게에 오겠습니다. 그때까지는, 다른 가게 등을 보고 있어도 괜찮죠?

미희 : 네. 시간이 되면, 와 주세요.

진영 : 만약, 무슨 일이 있다면, 핸드폰으로 연락 주세요.

미희 : 알겠습니다. 맘껏 즐기고 오세요.

# Chapter 10

**본문 회화**

p140

현우 : 졸업 논문, 쓸 수 있을까. 걱정이네.

하루나 : 괜찮아요.

현우 : 단위, 떨어져 버릴 것 같은 기분이 든
단말이에요.

하루나 : 괜찮다니까요. 분명 좋은 성적을 받을
수 있을 거에요.

현우 : 교수님이 엄격해서, 성적을 낮게 받지
는 않을까 하거든요.

하루나 : 그 교수님은 그러지 않을 거예요.
아마...

p.141

미희 : 졸업여행은 어떻게 할까요?

은수 : 유럽에 가지 않을래요?

미희 : 다른 아이들, 갈 수 있을까요?
비싸잖아요.

하루나 : 그렇네요. 마음대로 행선지를 정하면,
무슨 얘길 들을 것 같은 느낌도 들고
요.

미희 : 다른 아이들에게 물어보고 나서 정하
는 편이 좋겠네요. 아직, 시간이 있으
니까, 다른 곳으로 바꿀 수 있고요.

은수 : 그렇네요. 다른 사람의 의견을 들어
볼게요.

| | |
|---|---|
| 초판인쇄 | 2014년 8월 14일 |
| 초판발행 | 2014년 8월 22일 |

| | |
|---|---|
| 저자 | 박재환 · 다카하시 마리코 (高橋万里子) · 홍진희 · 구라이시 미토 (倉石美都) |
| 펴낸이 | 엄호열 |
| 펴낸곳 | (주)시사일본어사 |
| 등록일자 | 1977년 12월 24일 |
| 등록번호 | 제 300 - 1977 - 31호 |
| 주소 | 서울시 종로구 자하문로 300 시사빌딩 |
| 전화 | 내용문의 (02) 764  - 1582 |
| | 주문문의 (02) 3671 - 0555 |
| 팩스 | (02) 3671 - 0500 |
| 홈페이지 | http://book.japansisa.com |
| 이메일 | sisa_book@naver.com |

| | |
|---|---|
| ISBN | 978 - 89 - 402 - 9117 - 7  18730 |
| | 978 - 89 - 402 - 9116 - 0  18730 (set) |